JN029345

心理療法は脳にどう作用するのか

精神分析と自由エネルギー原理の共鳴

ジェレミー・ホームズ◉著
岡野憲一郎◉日本語版序文
筒井亮太◉訳

THE BRAIN HAS A MIND OF ITS OWN:

Attachment, Neurobiology, and the New Science of Psychotherapy

Jeremy Holmes

岩崎学術出版社

THE BRAIN HAS A MIND OF ITS OWN:
ATTACHMENT, NEUROBIOLOGY, AND THE NEW SCIENCE OF PSYCHOTHERAPY
Jeremy Holmes

The original English language work has been published by
Karnac Books Limited, Bicester, Oxfordshire, United Kingdom
Copyright © 2020 by Jeremy Holmes. All rights reserved.

The right of Jeremy Holmes to be identified as the author of this work has been asserted in accordance with the Copyright Design and Patents Act 1988.

Japanese translation rights arranged through Japan Uni Agency, Inc. Tokyo

□日本語版序文

『心理療法は脳にどう作用するのか――精神分析と自由エネルギー原理の共鳴』は画期的な書であることは間違いない。本書はサイズとしても決して大きなものではなく、原書は大きな文字で組まれ、索引を入れても二〇〇頁程度である。しかしこの小さな書には著者ジェレミー・ホームズの主張のエッセンスが詰め込まれている。日本語版序文の執筆を仰せつかった私は、この筒井亮太氏による翻訳が出来上がるまでの間、時々原書を紐解いていたが、難解であろうという予想に反して、かなり平易に感じられた。そしてこうして訳文を手にしてさらにその内容を身近に感じている。

本書の原題は「The Brain has a mind of its own（脳はそれ自身が心を持つ）」という少し不思議なものである。そして副題は「Attachment, Neurobiology and the New Science of

Psychotherapy　愛着、神経生物学、そして精神療法の新しい科学」となっており、愛着や神経科学の立場から新たな科学としての精神療法を提唱するという壮大な企画を表す。その意味で「脳はそれ自身が心を持つ」というタイトルは、脳科学時代に生きる私たちが自らの脳の自律性や独自性に敬意を払うべきであるという示唆を含んでいるようである。脳に素直に学べ、ということだろうか。心を扱う私たちが、答えを心そのものに遡行的に求める時代は終わっているという主張にも読める。

本書はある一つの原理に従って心を読み解いており、シンプルさが本書を読みやすくしているのだろう。それは「自由エネルギー原理」と呼ばれるもので、以下の様に言い表される。「生物学的行為者は無秩序に対抗し、そのために自身の感覚状態のエントロピーを最小化しなければならない。拘束されていないエネルギーはエントロピー的である。すなわち、無秩序／混沌を招き入れる。世界の予測モデルに従って、脳は、入ってくる情報エネルギーを『拘束する』」（本書「用語集」より）。

この原理の歴史は古く、フロイトの師にあたるフォン・ヘルムホルツ、そしてフロイト自身、ベイズ説等の理論の系譜を有する。それを現代的な脳科学の裏付けを伴った理論に仕立てたのがカール・フリストンの「自由エネルギーの原理」であり、著者ホームズがその理論に全面的に立脚したうえで、精神分析や精神療法の立場からより包括的な治療論を唱えたのが本書である。この「自由エネルギー原理」が本書の「心柱」として貫かれていることで、読者は本書の少しわかりにくい部分に遭遇した時もそこに立ち戻るという道が与えられているのだ。

ただしこの原理自身の信憑性を疑い出したら、話は別であろう。実際「自由エネルギー原理」に関して、それがどの程度妥当性があるかは、おそらく証明のしようがないであろう。ホームズ自らが認めるように、「この原理は（中略）少数の先駆者を除けば、心理療法の世界にはほとんど影響を与えて」いないのである。

ただしこの原理の正当性に関してはフリストンだけでなくホームズもが周到に示しているようないくつかの傍証がある。たとえば大脳皮質と網膜の浅部、深部錐体細胞とがこの原則に従って配線されていることが伺われる（第一章）。また言語的なコミュニケーションもこれに従っている（第七章の「関連性理論」）。話をAIに及ぼすならば、ニューラルネットワークの働きそのものが、入力と出力の誤差を最小限にするように設計されることで驚くべき「知性」を発揮するようになっている。そしてホームズが本書で示しているように、この原理を出発点とした治療論はおそらく精神分析と脳科学の最新の流れとも言える対人関係神経生物学 interpersonal neurobiology の発展とまさに同期しているかのようなのだ。

ちなみに私自身はこれまでフロイト流のエネルギー論については若干懐疑的であった。「リビドー論は時代遅れだ」という見方は、今では精神分析の世界で広く持たれている認識であろう。そして現代的な精神分析は、フロイトの一者心理学的なエネルギー経済論を離れつつあり、それに代わって愛着理論に導かれた治療者と患者の二者関係が重視される「関係論的」な立場が提唱されている。

ところがその最先端に位置する「愛着を基本とした精神療法」を提唱しているのがほかならぬ著者ホームズなのだ。そしてその彼がフロイトのエネルギー経済論に立ち戻ることを提唱しているのである！

私はここに何か精神分析理論の持つ円環性のようなものを感じる。フロイトの中では既にすべてが繋がっていたのではないか、という空恐ろしさをも感じさせるのが本書なのだ。

最後に私は訳者筒井亮太氏に心から謝意を表したい。それは本書に序文を書くという役割を与えてくれたことで、私をホームズのこの理論に引き合わせてくれたからである。愛着、脳科学、精神分析、トラウマ。私の頭の中を常に巡っているこれらのテーマをこれほどまでに見事に結びつけたホームズの理論は、まさに私が読んで勉強すべき書だったのだ。しかし基本的に勉強嫌いの私はこのような機会がなければこの先何年かまで本書に行き着けなかった可能性がある。

その意味で良質の知を嗅ぎ取り導入する筒井亮太氏の能力には常々敬服せざるを得ない。

岡野憲一郎

目次

アリス、アッシャー、アレクサンダーへ

■イントロダクション

フロイトが二〇世紀以前の科学に備わる仮初《かりそめ》の確実性から離れて、精神分析という近代的プロジェクトに移行したように、彼のもっとも創造的な期間とは、新世紀という文化の移り変わりの前触れであり、その移り変わりと歩を合わせていました。二一世紀に入ると、脳画像や人工知能に基づいて、こころに関する機械論的な研究が再び始まりました。本書の目的とは、この神経科学の革命が心理療法に与える影響を探索し、精神分析が人間理解に貢献するところがまだ随分と存在していると主張することにあります。私が試みているのは、あるトピックに対する個人的見解を含み込んだ——汗と涙の結晶という意味で——エッセイとでも受け取ってください。

現在、確実に周知されているように、精神分析的心理療法は心痛に苦しむ人たちに対して持続する相当の心理的変化をもたらします。[例：1、2、3] ところが、その根底のメカニズム——つまり、セラピスト、患者、および両者が共創造するセラピーがどのような変化をもたらすのか——となると、依然として謎だらけです。[4] その理論となると枚挙にいとまがありません。つまり、治療同盟、共感、変化をもたらす解釈、認知的再構成、家族ヒエラルキーとコミュニケーション・チャネルの修復、無条件の肯定的関心などです。先の疑問に対する回答はおそらく、右記のすべて、それ以上のものを含むでしょう。しかし、存在する多くの理由——心理療法を無作為化比較試験というパラダイムに有意義な形でなじませがたいことや、研究者バイアス（つまり転移）が無意識的に結果に影響を及ぼす「忠誠効果」[5] など——をどれほど打ち消そうとしても、それらのためにエビデンスは曖昧なままにとどまっています。

心理療法に関与するプロセスは多岐にわたります。つまり、心理療法家その人、そのパーソナリティとスキル、患者の性格と動機づけ、病気の性質と重症度、治療モデル・期間・頻度、心理療法が実践される社会的背景などです。このような複雑さを考慮すれば、直線的な解説では——セラピストがこうしたら、こう言ったら、このように改善する——現象を説明できそうにありません。[6] 有名な「ドードー鳥の評決」[訳注1][7]、つまり「みんなが勝って全員が賞をもらう」という判決、およびそこに示唆される統合的メタ・モデルの視座は依然として不動のままです。ただし、独り善がりは禁物です。心理療法に効果があるのは疑いない事実としても、すべての事例で成功を収めるわけではありません――患者の約五〇～六〇％が改善を示し、一〇％が悪化する一方で、少なくとも三〇％は治療開始時と大差ない状態を保ちます。[8] 公的資金が提供された心理療法にとって、効果がないセラピーに資源を割くのは無駄であり、セラピストからしても自分の愛する学問分野に悪名が立つことになります。

この状況は、一八五六年に『種の起源』を上梓したダーウィンが直面していたものと似ています。[9,10] 化石や地質資料、自分やウォレスの観察記録から質的証拠を集めて用い、ダーウィンは自然淘汰によって種が適応して進化する様子を直観しました。ところが、ダーウィンの

訳注1　ドードー鳥の評決とは、心理療法の効果研究の議論でたびたび登場する文句であり、ルイス・キャロル（Lewis Carroll：一八三二―一八九八）による『不思議の国のアリス』に出てくるドードー鳥（十七世紀末に絶滅した鳥）の発言に由来する。本作のなかでドードー鳥は「レースの参加者全員が勝者であり、みんなが優勝である」と主張している。P－Fスタディの発案者としても知られるソウル・ローゼンツヴァイク（Saul Rosenzweig：一九〇七―二〇〇四）が心理療法の効果には共通の要因の寄与が大きそうだと論じる際に、ドードー鳥の発言を用いている。

遺伝に関する知識は、子孫は親に似るものの親とは違うという世間の理解以上のものではありませんでした。メンデル以前、ハクスリー以前、ワトソンとクリック以前、そしてＣＲＩＳＰＲ[訳注2]以前であったため、ダーウィンは遺伝機序についてまったくの無知でした。心理療法も同じく、自らの「ＤＮＡ」について伏せられたままです。本書のプロジェクトは、神経科学の進歩によって、心理療法が心的変化をもたらす様相について新たな理解がもたらされていると主張することです。

私の出発点は、新たなパラダイム、**自由エネルギー原理**（Free Energy Principle：ＦＥＰ）です。この原理はアカデミックな心理学や脳研究で旋風を巻き起こしていますが、少数の先駆者を除けば[例：11、12、13、14、15、16、17]、心理療法の世界にはほとんど影響を与えていません。少しずつＦＥＰの十全たる性質と心理療法的意味合いを明らかにしてゆく予定ですが、ひとまずその主たる輪郭を要約することから始めましょう。なお、主要概念はゴシック体で示しています。

ＦＥＰにおける**エネルギー**[18参照]とは、熱や電磁放射のような物理現象ではなく、重力にも似た上位説明カテゴリーであり、精神の意味も物理の意味も含んでいます。ＦＥＰとは、フロイトの快原理や現実原理に類似しており、これらの諸原理と無関係ではない、意識と無意識の心的生活の根本を理解するためのひとつの**原理**ないし枠組みを指します。

ＦＥＰによると、脳が果たす課題は、感覚器官からも、内受容および固有受容の内部環境からも入ってくる神経エネルギーの流れから選択し、注意を向け、形作り、**ホメオスタシスを維持すること**です。「ボトムアップ」の入力が意味する可能性が高いことを、これまでの体験に基づいて「トップダウン」で**予測すること**でこれを実現しています。この予測は、十八世紀の牧師トーマス・ベイズの数学に従っており、そのために「**ベイジアン**」として知られています。予測と感覚、つまり世界の**生成モデル**と現実とのあいだで絶えず変動しつづける乖離が、**予測誤差最小化**（Prediction Error Minimisation：ＰＥＭ）を活性化します。ここで脳は、体験に照らして**事前**《プライア》の世界のモデルを修正して、それらのモデルを**事後**《ポステリア》のモデルとし、精度を高め、**多義性をはっきりさせ**、入力と期待を合わせるように調節する**行為**をと

訳注2　ＣＲＩＳＰＲ（Clustered Regularly Interspaced Short Palindromic Repeats）とは、原核生物でファージやプラスミドに対する獲得免疫機構として機能していることが判明したＤＮＡ領域のことを指す。日本人の石野良純らが一九八〇年代後半に発見して発表した本領域は、その後、二〇一〇年代にジェニファー・ダウドナ（Jennifer Doudna）とエマニュエル・シャルパンティエ（Emmanuelle Charpentier）らのゲノム編集（CRISPR-Cas9）の技術に応用されている。

るよう自らに「命令」します。

心理療法の観点から眺めると、内受容感覚（つまり、身体感覚）は**感情生活**を支えるために肝要です。一般に、予測誤差——私たちが望む／期待するものと私たちの感覚が教えてくれるものの乖離がその一例です——は「悪いもの」ないし苦痛として体験され、そのために最小化する動機づけとなります。逆に言えば、期待と体験が合わさるとき、私たちは「良いもの」ないし幸せを感じます。心理療法の援助を求めるきっかけとなる心理面での心痛は、予測誤差が慢性的に未解決な状態にあると考えることができます。心理療法の狙いは、行為とモデル修正のための能力を動員することで、これらの問題を是正するところにあります。

FEPでは、エネルギーは**自由であるか**、**拘束されているか**のいずれかにあります。自由エネルギーは、身体的・心理的・対人的自己に対して環境が与えるインパクトの、流転する潜在的に混沌とした性質を反映しています。それゆえ、エネルギーの役割は**多義的**です。エネルギーは、適応・生存・繁殖という進化に由来する課題に必要不可欠な情報と栄養を提供し、まず間違いなく創造性の基礎を形作りますが、拘束を受けていない場合、準備が追いついていない神経系を圧倒することになりかねません。自由エネルギーを見つけ出して拘束する必要性こそが私たちを動機づけるものであり、「私たちを動かす」ものなのです。つまり、私たちの手持ちのものを活用させ、もっと知りたいと探索させ、より良い世界のモデルを考えさせるものなのです。これにしくじると動機づけが低下し、状態が悪化し、抑うつ的になります。

この点が精神分析と共鳴しています。フロイトは「神経学者のための心理学」と題して未刊のままに破棄した「草稿」[19、20]において、心／脳内部の自由エネルギーと拘束エネルギー（つまり彼の記号化を借りるとQ）の相互作用という視点を初めて提起しました。精神分析が進展するにつれて、**Q概念**は**リビドー**へ変質しました。備給、すなわち**拘束**により、リビドーはその対象に欲望を充当し、短期的にも長期的にも快を伴う放出に導きます[21、22]。フロイトの図式では、拘束されていないエネルギー／リビドーは、特に**近親姦**の欲望の形をとるため、原抑圧によって食い止められなければなりません[23]。それが飼い慣らされていないままに潜伏するため、人間という主体はどうしても神経症に陥りやすくなってしまいます。

ＦＥＰとベイズ・モデルはカール・フリストン[24]およびその同僚[例：12、25、26]の発想の産物です。なお、「フリスティアニティ Fristianity」とは主として統計学的・数学的図式を指している点にご注意ください。私の数学に関する限界のおかげで（というよりも、そのせいで）、ここでの説明はひたすら散文に拘束されています。批評家であれば、方程式を使わずに宇宙論や量子物理学を理解しようと試みること（それは可能です[27を参照せよ]）とここで生じている制約を正当に同等のものとみなすでしょう。

本書のプランは次のとおりです。第一章では、FEPの思想的起源と現状が整理されています。PEM初学者にとって、本章は難航を極めるかもしれませんが、ご安心あれ。第二章では、FEPの一見すると抽象的で認知的な観点が、日常生活の体験や精神分析の考え方とどれほど共鳴しているのかを示しています。第三章では、アタッチメントの役割と、人間という超社会的種族において、PEMが概して協働で実行されている様相を、反対に、不安定な形のアタッチメントがこれを危険に陥れ、結果的にPEM失敗やエネルギーの非拘束に患者予備軍が晒される様相を示しています。第四章では、FEPの視座を活用し、人びとが心理療法の援助を求めるようになる困難や診断の種類に目を向けています。第五章では、精神分析作業の具体的な手続き――夢解釈、自由連想、転移の多義性――を取り上げ、これらがトップダウンとボトムアップの自動性を切り離し、PEMが問題となる理由と局面が精査できるようになる様相を示しています。FEPに立脚し、第六章と第七章では、セラピストとクライエントのアタッチメント、そこから生じる会話、これらが脱出不能なPEMの手続きを紐解くのに有益である様子を論じています。第八章では、面接室というリアルな世界で行われる心理療法の作業にFEPが添える意味合いをまとめています。締めくくりとして、FEPの関連用語を簡単に解説していますが、これはこの新たな概念世界を初めて知る読者の一助となることを願って書かれています。

数学上の欠点がある点を認めることに加えて、まだいくつかの注意事項が必要でしょう。私は、トップダウンの表象とボトムアップの感覚のあいだで生じる「会話」について多くを語り、その媒介としての言語の役割についても語ろうと思います。この階層性は、支配／服従を暗示する形で、言語が思考を構造化する様子を明らかにするものです。その一方で、このエッセイの趣旨は、官能的なものと表象的なもののあいだで生じる[28参照]、より平等で「民主的な」交流という健康増進的性質を訴える点にあります。

私は、文化的な既成の状況のあいだで自由に選び取ることができます。このような具合です。均衡を保つため、女性名詞が好まれました。クライエントと患者という言葉は互換的に用いられました。心理療法は総括的な意味合いで使われることもありますが、通常は精神分析の種類を指すことにしています。最後に、心理的苦痛、妄想、混乱と毎日取り組んできましたが、私はホプソン[29]の洞察を支持したいと思います。リア王が認知症の兆候を感じ、「ああ！　天よ、精神の健康問題で苦しませないでくれ」と叫んでいたならば、苦痛に満ちていながらも決定的な真実が失われてしまっていたことでしょう！

第一章 ■ 自由エネルギー原理

おそらく無意識のうちに『トーテムとタブー』[1]を踏襲したギャバードとオグデン[2]の言によると、精神分析一族のメンバーが資格取得後に辿る逆説に満ちた足取りには「父親殺し kill the father」も「祖先崇拝 honour one's ancestors」も必要です。このような精神を携えて、私のFEPの説明は部分的にはフロイトに対する敬意であり、ポスト精神分析パラダイムを模索するものでもあります。ニュートンは次のような名言を残しています。「私がかなたを見渡せたのだとしたら、それは巨人の肩の上に立っていたからです」。FEPを説明する前に、この物語の背景となる考えをもった先達に敬意を表したいと思います。

五名の創始者

現代神経科学はヘルマン・フォン・ヘルムホルツ（Hermann von Helmholtz：一八二一―一八九四）の研究に端を発します。ヘルムホルツは博識家であり、医者であり、物理学者であり、エネルギー保存の法則の提唱者であり、検眼鏡の先駆者であり、そして、フロイトの師エルンスト・ブリュッケの指導者でした[3,4]。ヘルムホルツのアイデアのうち三つが、とりわけ私たちの議論に関係してくるものです。まず、ヘルムホルツは詩人としてのゲーテを称揚していましたが、ヘルムホルツおよびそのグループは科学的方法を好んでおり、脳／心に関して述べれば、厳密な唯物主義的見解を優先しており、魂に満ちたロマン主義を拒絶していました。

ヘルムホルツの考えでは、脳は階層的な「推論機械 inference machine」[5]であり、そこではボトムアップの感覚（最初は感覚上皮から）が評価され、トップダウンの皮質由来の構成概念や意味と相互作用するとされました。この階層モデルは「区間すべての駅」、つまり脳機能の中間レベルにも適用されます。そこでは、調整ニューロンの活動が上からのインパルスにも下からのインパルスにも照らして絶え間なく調節されています。

ヘルムホルツの構成主義は特に重要です。というのも、彼のアイデアは現在でも巷で受け入れられているモデルと対照的であるためです。巷に流布しているモデルの考えによると、感覚器官は一方向のカメラのように「現実」の「表象」を受動的な受信脳に送信しています。これに対してヘルムホルツ派が想定するこころは、ダイナミックに**自らの世界を作り**、体験に照らして絶えずモデルを更新してゆきます。私たちが体験する現象学的「現実」は、こころの映画館に投射された**仮想現実**なのです。[6参照]

ヘルムホルツは、精神生活の大半が気づかれない意識下で起こっているとも提起しました。フロイトの意識／無意識、自我／エス／超自我というメタ心理学は、ヘルムホルツ派の基本成分から構築されたものです。

私たちにとって二人目の先達は、高校の生物学を習った人なら誰でも知っているような人物です。クロード・ベルナール（Claude Bernard：一八一三―一八七八）は、盲検統制法など、医学で科学的方法を先駆的に用いた人でした。「内部環境の安定性は自由な生命の条件である」とは彼の有名な主張ですが、生物学にホメオスタシスの概念を導きました。彼の生理的ホメオスタシスの考え方は体温調整などの生理現象が主たる対象でしたが、脳／心の働きにも拡張できるものです。

現在、ホメオスタシスは、より一般的な**アロスタシス現象**の一部とみなされています。ヘラクレイトスの川のように、常に進展してゆく環境のなかで生きる私たちは、絶えず変化しつづけることで以前と同じ状態を保っています。暑ければ、発汗や末梢血管拡張が生じるだけでなく、日陰に移ったり、衣服を脱いだり、扇風機のスイッチをつけたりして涼もうとします。同じように、対人レベルにおいても、私たちは、過去の体験と響き渡る条件に似せるようにして（精神分析的に述べると「投影同一化」を介して）関係環境をアロスタシス的に選択したり形成したりすることによって、安定――精神病理の場合は不適応的安定――を維持しています。アロスタシスは、幼少期のトラウマの悪影響と関連しています。たとえばＨＰＡ軸の活性化などによって、安定を維持しようとする身体の生理的試みが持続すると、有害な結果がもたらされかねません。つまり、免疫系の過活性化、心理的過覚醒などの悪影響を指しています。[7] これから見てゆくように、ＰＥＭは基本的には心／脳がその望ましい状態から逸脱する様子を登録 register し、最小限にとどめようとするホメオスタシス的事業なの

です。[8,9]

ホメオスタシスは、私たちにとっての次なる英雄であるフロイト（Sigmund Freud：一八五六―一九三九）自身とその「恒常性原則」へと導いてくれます。

自分のうちに現存する興奮の量をできる限り低く抑えておく……というのが、精神装置の目的である。[10]

神経エネルギーおよびその「占有 occupation」ないし備給[11]に関するフロイト初期[12]の推測は、拘束されたリビドーと拘束されていないリビドーという心理学概念になりました。[13,14] フロイトはこの基本となる区分を最期まで堅持しました。

私たちにわかっていると思われるのは、神経のエネルギーあるいは心的エネルギーにはふたつの形態が存在していて、ひとつは容易に動くもので、もうひとつはむしろ拘束されているものだということである。[15]

フロイトは「拘束されていないエネルギー」の一次過程を定量的観点で捉え、行為や症状の形をとって「放出」されるのとは対照的に、思考のために心的エネルギーが十分に「減速」される点を考えていました。考えることが起こるためには、「自由に置き換え可能な備給を「拘束」備給へ転換することが必要であった」[16、17を参照せよ]。拘束エネルギーは、言語、自我が調停した自制、超自我による禁止などの二次過程に特徴的なものです。

FEPの用語で説明すると、フロイトによる一次過程は、内受容を伴い感覚上皮から生じるボトムアップのインパルスであり、感情調節・言語表象・論理といったトップダウンの二次過程を刺激して相互作用しています。[18] また、フロイトが強調したトラウマ記憶、つまり調節や調整を受けずに、破壊的なままでに拘束されないままの記憶とも関連しています。

ラプランシュとポンタリス[19]は、フランス語を母語とする言語的感性でもって、エネルギー**拘束を境界線**、つまり、創造的／破壊的な多義的可能性に自由裁量を与えるのではなく、なにかを固定する能力に結びつけています。これにより私たちにとっての次なる知的巨人が導かれます。エルヴィン・シュレーディンガー（Erwin Schroedinger：一八八七―一九六一）はノーベル賞を受賞した量子物理学者でしたが、生物学にも関心を寄せていました。

『生命とは何か?』という問いかけをしたシュレーディンガーなりの回答は「負のエントロピー[20]」あるいはネゲントロピー[21]でした。熱力学第二法則では、宇宙は不可逆的に無秩序、すなわちエントロピーの方向に向かうとされています。読者の皆さんが目下飲んでおられる紅茶やコーヒーは、急な仕事に追われている間に放置していると、時間が経つとともに不可逆的に冷めてゆきます——絶対に熱くなることはないでしょう! そのエネルギー、およびそれを淹れる過程で導入された「秩序」(つまり、注がれた熱)は周囲に放散され、周囲の温度をわずかながら上昇させます。これをアメーバや樹木、人間といった生命体と比べてみましょう。コーヒーとは対照的に、生命は時間を超えて秩序と構造を維持するため、無秩序や死滅 dissolution とは対照的に、**負のエントロピー**、すなわち**ネゲントロピー**を顕します。生物の半透過性の境界や代謝過程によって、秩序が確実に統治します。無秩序は、生命体——ただし、その「寿命」のあいだのみですが——とは対照的に、エントロピー的な周囲に放出/排出されます。

ベルナールによるホメオスタシスは、周囲のエントロピーの影響に直面しながらも生命プロセスを維持すべく払われている努力を指しています。フロイト[22]に戻りましょう。彼は未完の草稿に沿っていたころ、生の本能と死の本能を対比させるなかで同様の指摘をしています。

「エロスの」目標は、より大きな統一体を作り上げてそれを保持すること、すなわち**拘束**であり、「タナトス」の目標は、逆に、**結合を打ち消し**、それにより、ものを破壊することである。[23]。強調は筆者

死は、境界が不可逆的に消滅すること、すなわち非拘束を意味しています。「死の本能」は、エントロピーがネゲントロピーに勝つという、止めることのできない事態を表しています。精神分析の視座から眺めて、バラット[24]はこのエロスと「致死性 deathfulness」とのバランスを次のように考えています。攻撃性や従来の精神分析の静的分類（エスや自我など）を表すものとして捉えるのではなく、むしろ、そこには存在の流動性や流出性が表されていると捉えています。FEPの視座から眺めると、エントロピー的な外的世界――ネゲントロピー的な同胞を含む――のボトムアップの影響と、自由エネルギーを拘束して適応と生存を確実にしようとするトップダウンの試みのあいだには、絶対に完全には解決されないようなダイナミックなやり取りや「会話」が存在しています。

ここで五人目、時系列的にはこれまでより前に存在していた天才トーマス・ベイズ牧師(Reverend Thomas Bayes：一七〇二—一七六一)に私たちは導かれます。ベイズは確率論の創始者の一角を担う人物です。ベイズ牧師の「定理 theorum」は、統計学の域をはるかに越えた含意を有しています。ベイズ主義は「常識の上にある数学[25]」と表現されてきました。「常識 common sense」のバージョンは次のようになっています。私たちは不確実な宇宙を生きています。未来を知ることはできませんが、それでも、適応しようとすれば——究極的には生存・繁殖しようとすれば——自分たちの感覚器官が教えてくれることの意味を解き明かして、いま「何が起こっているのか」について、将来に何が起こりそうなのかを**うまく推測すること**が必要となります。誰を信じて、何を信じるのか、何が栄養となり、何が毒となるのかを知る必要があります。子羊と横たわってもライオンと一緒には寝ないこと、あるいは、ペンを振るう時宜と剣を振るう時宜を知る必要があります。それが脳の目的なのです。ところが、どうしても、多かれ少なかれ、物事を間違えてしまうのです。これから見てゆくように、心理療法の仕事は、あらゆる意味で、修復、すなわち「再び心配すること re-minding」なのです。

カール・フリストンと「自由エネルギー」

それでは、これらの先駆者から現代神経科学へ話題を移しましょうか。ここでも数理神経科学者でありながら精神科医でもあるカール・フリストンという偉大な人物がいます。フリストンの考え方は以下の多くの事柄の基盤を形づくっています。[26,27,28] フリストンのモデルは、いくつかの重要な命題に分解することができます。

安定したシステムは関連情報を得るために周りの環境を抽出する必要がある

有機体が生存してゆくためには周囲の環境に関する情報——食料が手に入るかどうか、パートナーになりそうな個体がどこにいるのか、捕食者はどこにいるのか——が不可欠です。しかし、情報収集は選択的です——私たちが知る必要のあるものだけ知る必要がありま す。感覚系は身近なものと異質なものに囲まれた範囲内で作動します。水生生物は自らの水域を当然のように捉えていますが、魚は水から出てしまうと魚類ならではの警戒を最大限に発します。これは、環境がその個体に良かれ悪しかれ提供するもの、すなわち「**アフォーダンス**」です。[29]その環境ニッチに応じて、それぞれの種の脳は、環境から**顕著な特徴**を選択し、無関係な特徴は無視するように進化論的設計が施されています。心／脳は、**精度** precision（感覚入力と世界の事前モデルがどの程度対応しているのか）と、その入力の全体的意味や**文脈**の両方を、ニューロン階層が意識に向かって上昇するにつれて長くなる時間枠内で計算する必要があります。

注意という概念は、関連刺激に集中して無関係な刺激を無視する能力を見事に表現しています。[30]私たちはとりわけ**異常事態**《アノマリー》に気がつくように慣れています。心理療法家はこれに長けています。たとえば、クライエントが幼少期について語る際に父親に関して一切言及しない場合や、クライエントが夫を説明するときにずっと嘲るような皮肉口調で語る場合などを指します。クライエントはこれらのアノマリーに気づいていないかもしれませんが、ここには無意識のうちに重要性を帯びたテーマ（通常、回避された情緒的苦痛）が指し示されており、セラピストならばクライエントと一緒に考えるように誘いをかけることでしょう。自由連想が「現在の瞬間」のささいな事柄を捉えている様子をのちに見てゆくとしましょうか。それは、信頼の厚い仲間に囲まれれば、私たちの体験世界の一貫性を向上させるものです。

神経系は能動的推論（AI）を実行して不確実性／サプライズを最小化する

脳というのは不確実性やサプライズを忌避し、どちらも能動的に低減させることで感情的な見返りを得ています。わかりやすく言うと、びっくりする《サプライジング》ような感覚入力とは、私たちが期待している事柄と照らして、起こりそうにもない、すなわち、低い確率の入力を指しています。数学的に述べると、サプライズは感覚データの負の対数確率で測定可能であり、私たちの世界のモデル our model of the world を考慮すれば、ゼロに近づけば近づくほどに高い確率となります。まったく突拍子もないことがあるとすれば、それはまったく驚くべきことなのです。

確率とは、私たちが考えるための形式を曲線にしたものです。投げられたボールをキャッチしたり、イヌが木の棒を追いかけたりするのに関わる事柄を考えてみましょう。とある事態A、すなわち現在のボールの状態や、投げる人の腕力、ボールの重量、重力の影響などについて把握している事柄が与えられると、私は、ボールがXミリ秒後に地点Bに到達することを示す曲線予測を立て、それに応じて自分の身体と手を動かすことができます。神経伝達速度とボールの飛行速度の相対的関係を考慮すれば、正しい場所に正しいタイミングでいるためには予測精度を調節する必要があります。ボールと同じく、時空間における自分の場所も知る必要があります。それゆえに、運動する生命すべて――すなわち、あらゆる動物――はある程度「自分を知っておくself-knowledge」(もっとも原始的な類のものかもしれませんが)必要があります。

素早く作動するために脳は「付け焼き刃のquick and dirty」方法を用いています。脳回路内のノイズや時間的制約のせいで、一定の誤差は常に存在しています。**能動的推論**は、近似曲線下の面積を計算する大まかな積分法を意味しており、起こる可能性が高い確率に基づいてこれらの予測を迅速に適用して不足を補います。現実世界real-worldのデータと比較することで予測は最適化され、残っているサプライズを可能なかぎり排除することをのべつ幕なし目指しつづけています。もしも「ボール」がシャボン玉であるとわかったら、予測を修正しつつ確証に足る証拠を探します。たとえば、シャボン玉には期待できるけれどもボールには期待できない儚さや虹色の輝きなどの証拠を探すのです。

長い時間の尺度にまで目を移しても、ベイズは適用されます。過去は未来を示す唯一の指標であり、私たちは過去の体験に基づいて「事前《プライア》」予測を立てています。その「プライア」にどれほど**誤差**が混入されているのか、つまり、どの程度の**精度**があるのか、あるいはありうるのかについて私たちは知る必要があります。周知のように太陽が東から昇ることはない以上、私たちは西から夜明けが訪れる可能性を除外できます。そして、自らの**注意**――FEPの視座から眺めると、先見的にフロイト[32]が「感覚印象が現れてくるのをじっと［受動的に］待機している代わりに、「それ」を満たすと定義した機能――をことによると早朝の美しさとヒバリの音色に向けることができます。

ところが、人間の同胞が相手となると、ことはきわめて確実性に乏しくなります。母親を求めて泣く赤ん坊は、すぐに母親が来てくれることもあれば、不可解なまでに遅れて来ることもあると悟ります。人間を対象に予測するためには、推論階層の相当に高度なところまで進み、「何が起こっているのか」を理解する必要があります。あるいは、「ママは疲れているのかもしれない、腹を立てているのかもしれない、酔っ払っているのかもしれない、パパと新しい赤ちゃんを作っているのかもしれない」と**メンタライズする**必要があります。対人世界では、ベイズ脳の仕事は、原因・感情・動機づけ・意味を能動的に推論することにあります。

このようなトップダウンの推論と現実が私たちにアフォードしてくる事柄とのあいだには、二つの大きな理由で絶えず矛盾が存在しています。第一の理由は、人間や物理的環境がずっと静止しているわけではないからです。今日という日には、昨日のプライアはすでに古くなっています。第二の理由は、人間の感覚機関がそもそも誤りを犯しやすいからです。感覚器官はあらゆる可能性がある情報のうちの標本のひとつに過ぎず、そのサンプリング能力自体が不完全です。ボトムアップの入力とトップダウンの推論とのあいだに存在する乖離、すなわち「**予測誤差**」を計算に組み込んで、できるかぎり**最小化する**必要があります（PEM）。そうするためには、感覚情報とプライアにどの程度**重きを置く**のかを知る必要があります。

脳は自らの世界、つまり内的世界と外的世界を創り出す

「認知革命[33]」によって心理学で優勢なパラダイムはブラックボックスの行動主義から「認知」モデルに回帰しました。「認知」モデルでは外的世界はこころのなかで「表象」されています。しかし、これまで見てきたように、PEMの第三の波では、脳はもはや世界を単に「表象」するだけでなく、**自らの世界を創り出しています。**ネーゲルによる有名な論文[34]によると、私たちが体験する「世界」は、コウモリにとっての世界と同じように、私たちの種のアフォーダンスの賜物であると同時に、還元不可能な「現実」でもあるのです。私たちは、呼吸する空気、摂取する食物、吸収するエネルギー、および、これらに生成される自己組織的、自己進化的、自己認識的、「オートポイエーシス的」システム「である」のです。神経階層の上階層――すなわち自己認識――では、これらは私たちが何者であるかを私たちに裏づけます。「あぁ、これが私です、私の家族です、私の家です、私の朝食です、私のフットボール・チームです」など。これから確認してゆくように、そもそも不確実な世界において、自己には二つの補完し合う方略があります。**行為／行為主体**を通じて、自己のイメージに合

わせて世界を探し出して形作ること、および、自己が自らを発見する世界の生成モデルを修正しつづけることです。

生きている有機体は拘束される

哺乳類の脳は（頭足類の脳が触手内部に置かれているのとは異なり）頭蓋骨のなかに閉ざされています。私たちが――内外の――環境について把握している事柄は、根本的にはすべて私たちの感覚上皮に由来しています。私たちが把握している世界は、感覚器官から教わること、過去に教わること、そしてその情報から築き上げた意味やモデルの域を出ません。

このボトムアップの感覚とトップダウンのモデルの接点や境界は、ロシアの数学者マルコフ（Andrey Markov：一八五六―一九二二）の名を借りて、マルコフ・ブランケットとして知られています。マルコフ・ブランケットは人工知能分野の概念です。この概念によると、入ってくる情報とトップダウンの世界のモデルは、それらの内方向と外方向によってのみ決定され、互いに直接「相談するspeak」ことはできません。

この「ブランケット」という喩えからわかることによると、感覚入力（精度――私たちの感覚器官は「勘違いします get things wrong」）も世界のモデル（複雑性――私たちは「取り違え wrong end of sticks」をします）も固有の不確実性に苦しみ、世界に関する私たちの知識には完全性の点で限界があり、あらゆる水準において認識論的疑惑が導かれます。[36参照] 有機体は、この不確実性とともに生きて、その不確実性を克服する方途を見つけ出す必要があります。心理療法の世界では、「知らないこと」を許容できることが枢要な美徳なのです。

マルコフ・ブランケットは環境／感覚上皮の接点を特徴づけますが、流れてくる感覚情報とこれらシグナルのトップダウン解釈という、さまざまな水準の神経系階層も特徴づけます。究極的には神経的なものですが、これらのマルコフ・ブランケットの接点は、統計的で確率論的な境界として考えることができます。さまざまな水準で脳は「専門家会議」として機能し、感覚器官に由来する情報と高次脳領域に由来する予測とのバランスを保つようにしています。予測誤差が表現（体験）される程度はその**精度**に依存しています。すなわち「会議」はその誤差が起こりそうな誤差――すなわち、どの程度の見込みでそれが「正しい」と言えそうか――を推定しなければなりません。これから私たちが見ていきたいのは、FEPの観点から捉えるとこれらの推定の「誤設定」が心理療法の援助を求めるきっかけとなる類の精神病理につながりうるという点が示唆されるということです。

エネルギーは情報的であると同時に神経電気的でもある

FEPの別の代表的論者としてクロード・シャノンがいます。彼は一九五〇年代にベル電話研究所に勤務していました。「データ転送」、すなわち電話の相手がどれほどの距離を越えて通信し、その言葉が電気パルスに変換されて、電気パルスからまた変換される様相に関心を寄せていました。文字列を研究していると、稀な事象であればあるほど**情報量**が大きいことに気がつきました（クロスワードのゲームの一種スクラブルでは、Zという文字がEの十倍以上の「価値がある」のです）。シャノンの重大な発見は、熱力学のエントロピー方程式が情報に対しても適用可能であると気づいた点にありました。エントロピーが最大になるのは情報がない場合であり、それはたとえば、曖昧模糊としたテレビ画面や、判読できない電話メッセージなどを指します。ネゲントロピー——すなわち、構造と秩序——は、この専門的な意味の情報において高いのです。

シャノンの理解によると、確率は**サプライズ**――起こりそうではない事象であればあるほど、その事象にますます驚かされる、逆もまた然り――として捉え直すことができます。フリストンの重大な発見は、情報の不確実性（またの名をサプライズ）、エントロピー、「自由エネルギー」に関するシャノンの方程式が脳に対しても同様に適用可能であること、実際、**適用しない手がない**と気がついた点にありました。

脳は「ヘルムホルツ・マシン」である

さて、私たちは「**ヘルムホルツ・マシン**」[4]としての脳というフリストン・モデルを整理する立場にあります。一番単純化して言えば、これは回路内ニューロンの集合であり、三層に（系統発生的かつ個体発生的に）「設計」されています。最初の層は感覚から新しいデータにアクセスします。そして、次のサンドウィッチの中間層と照らし合わせて**認識**をチェックします。「おや、その顔は。友好的、非友好的、仲間になりそう、捕食者かもしれない、云々」。

水準2は「下」へ移動し、水準1の入力（丸顔で角ばってもいる）に対して「驚く《サプライズ》」確率論的予測を比較し、水準3の世界モデル（目鼻がついており、喋るような丸い物体はほぼ確実に顔である）に対して「上」を比較します。

水準3である**生成**（つまり考えて夢見る）層も同じように水準2に対する推論を働かせます。この層は仮説を生成し、事前の期待《プライア》に基づいて予測を立てます。水準3に由来するこれらの考え方は水準2を刷り込み、修正し、水準2が水準1と再度の**認識**を確認する場合に実証的に検証されます。サプライズに満ちている場合、データはより密接かつ頻繁にサンプリングされることになります。特定の水準1と水準2の入力に関して、私たちは絶えず水準3での予測／期待に基づいてサプライズ測量を更新しています。このように出来事が切れ目なく生じるため、まるで私たちが未来予知しているかのように思えます。たとえば、右記のように、ボールをキャッチする際、私たちはいまから数秒後のボールの位置を絶えず予測しつづけています。クリケットや野球では、神経伝達速度が比較的遅いため、打者は投手の手からボールが離れる前からその軌道を予測するしかありません。このようなプロセスは、神経階層を経て意識に上がるにつれて、だんだん長い時間枠を前提としています。ボールをキャッチすることは、一見すると即座の反射によるもののようです。キャッチボールについて考えてみることは、記憶と観察の積み重ねによる体験を統合することなのです。

中国の諺にあるように〈君子危うきに近寄らず〉です。ヘルムホルツ・マシンのおかげで、特定のデータに選択的な注意が向かい（無関係な「ノイズ」を抑制し）、体験や証拠に照らして修正可能な、効率的かつ正確な世界の内的精神表象を容易に築き上げることが可能となります。すでに慣れ親しんでいるものに対して注意を払う必要はほとんどないか、まったくないでしょう。というのも、それはすでに「内的世界」に繰り返し翻案されており、優勢な環境の種特異な、社会特異な、人間特異なモデルとなっているためです。

予測誤差の最小化

自由エネルギー原理の見解によると、有機体全体と同じように、脳の目的は、（a）ホメオスタシスの維持、（b）エントロピーの効力に対する抵抗であり、これらはサプライズを最小化する手続きによって達成されます。サプライズに関する脳の尺度は「自由エネルギー」

です。つまり、感覚入力とそれを説明するために生成されたトップダウン・モデルとの乖離なのです。脳はこの「予測誤差」を減らして、エネルギーをいくらか安定した状態に拘束するように作動しています。

ネゲントロピー的な脳は、主に二つのやり方で予測誤差を最小化しています。(a)入力/モデルの乖離を説明し、最小化するための関連情報を収集するための**行為**です。発話は行為です。たとえば、「あの音、聞こえましたか? それとも私の聞き間違いでしょうか?」(このPEMの対人面は第三章で膨らます予定です)。(b)さらに調和する「**ポステリア**」を生成すること、つまり、体験を基礎としてプライアを絶えず修正・改訂することを指します。

ここでさらに二つの関連概念を紹介しなければなりません。**最節約**と**アトラクター**です。ホプキンス[36]の示唆によると、私たちの感覚入力の精度とそれを説明するために用いられるモデルの複雑性は切り離せないトレードオフの関係にあります。この文脈での最節約とは、ありうる予測の混沌とした多重性を安定した「アトラクター」の数まで減らす必要性を意味しています。アトラクターとは、あるシステムが種々の開始条件から進展する傾向をもつ数値の集合を指しています。生物学におけるアトラクターには「価値」があるのです。すなわち、有機体に関連しており、生存、ホメオスタシスの維持、安全確保、食料確保の向上、繁殖などのプロジェクトの一助となるものです。人間の場合、それは個人の感情生活――私たちが何を欲し、何を望み、何を恐れ、何を求め、何を欲望し、何を良し／悪しと感じるか、など――を反映しトレードオフのような感情に関わる「好み」はFEPの枠組みでは期待と捉えることができます。つまり、私たちがとる行為がそれらの好みを満たす場合、自由エネルギーやサプライズは減少し、結果として報酬を得ることができます。

このことにより、いくぶん抽象的で「認知的」に映るFEPは、心理療法の重要事項である気持ち、恐れ、欲望、関係性と接近します。後述するように、これらの重要事項は、病理の可能性も指し示しています。私たちの関係性や情動生活に関わる単純で正確かつ修正可能な心得は、健康を特徴づけています。生きた体験を無視したり、否認したり、抑圧したりするように単純化され過ぎたモデルの場合、非機能的でしょう。逆に、自分にとって何が一番の利益となるのか、あるいは自分が何を本当に望んでいるのかを見極める能力が損なわれているため、複雑性を刈り込むことができない事態から苦しみが生じうるでしょう。

アタッチメントによる説明

後半で臨床に関して考察するという目的のため（第四章から第八章）、まずアタッチメントに関して少し脱線しておきましょう。たとえば、私たちの視覚受容器が歩いている最中に細長い物体を捉えたとします。文脈、すなわち外受容（熱帯地域か都市の公園か？）と内受容（心拍数や汗腺などが自分の気持ちをどれほど指し示してくれているのか？）に関する**尤度**[37]次第で、この物体はトップダウンの視点から眺めると毒蛇の可能性もあれば、なんの変哲もない棒である可能性も出てくるでしょう。

予測誤差の最小化（Prediction Error Minimising：PEM）は能動的推論――「確認のためもう少し近づいて見てみようか、それとも最悪の事態を想定して走って逃げようか？」――に導いてくれます。この説明は「安定型アタッチメント」の応答――ありうる世界の生成モデルと入力を合致させようとする均衡がとれた試み――をうまく捉えています。英国の公園であればその棒が蛇である可能性はほとんどないでしょう。インドの水田であれば、その可能性は十分にあります。

あまり安定していない応答は、過大活性化（またの名を不安型アタッチメント）——「棒であればすべて蛇として扱え」——か、過小活性化（またの名を回避型アタッチメント）——「蛇のことは忘れろ、棒に専念せよ」——となります。[38参照] それぞれの方略は、当人の発達上の文脈で理解できるかもしれませんが、現在の瞬間では不適応であり、前者は不安／抑うつに、後者は潜在的に致命的なリスクテイクにつながりかねません。ベイズ脳は、幼少期に確立したアタッチメントの性質に基づいて、重みづけられた予測を立てます。アタッチメントの性質は、その後の体験——逆境的なものであれ良性のものであれ——と組み合わさり、これらの予測の「設定」を決定します。安定したアタッチメントを示す人ほど、体験を考慮してこれらの予測を改訂することができます。

時間の流れはベイズ図式では欠かせません。未来は現在に逢着し——そして過去になり——ます。時間は脳の階層のなかをさまざまな速度で進んでゆきます。命を救う可能性があるＰＥＭの「反射的」低水準では速く（飛び退くことで蛇の攻撃が外れる）、判断が下される高次の認知水準では遅く（「どうしてこんなに不安なんだろう？」「次にこの道を通るときは気をつけないと、安全な靴を履いたほうがいい」）なります。このように、確率論的な予測はもっと適応的なポステリアに改定されることになります。

単純化し過ぎではありますが、さらに有用な区分が存在します。それは、予測の性質によって**ラン**か**タンポポ**に分類する人びとの世界を指します。[39] 前者（コミュニティ標本では約二〇％）は超応答型であり、好ましい環境であれば繁栄し、好ましくない環境であれば枯れて死ぬのではないかと恐れています。「タンポポ」は環境の影響に相対的に鈍感であり、良い環境でも「ラン」よりうまくいきませんが、好ましくない影響にもいくぶん鈍感です。棒／蛇のジレンマに直面した際、〈蛇に噛まれれば死ぬという〉という最悪の事態を想定しておくことはランのベイズ利益となります。タンポポの場合、より軽率になる——蛇に噛まれても有効な解毒剤がある——というリスクを冒しかねません。

これらの予測方略と心理療法が関連するところによると、ランはタンポポよりも心理的な援助を必要とする可能性が高い（すなわち、臨床の設定で非常に多く表現されています）だけでなく、その援助が得られる場合に奏功する目算が高いのです。[40参照] 一般論として、私たちのベイズ予測装置——行為する自己と考えることができます——は遺伝的資質、発達過程の残渣、これまでの体験によって重層的に決定されます。この自己に対する意識が高ければ高いほど――さらに無意識でなければないほど――私たちの予測はより適応的なものとなる可能性が高くなります。

結論

ＦＥＰは数学的かつ心理学的で情報学的なものであり、脳の構造について詳述していないにもかかわらず、神経解剖学的で神経化学的な支持を強く受けています。[5,41] 皮質の組織学によると、隣接する層に修飾を加えた形で渡す前にデータをもっともらしく処理する個別の層が六つ存在しています。これが適用される特に良い証拠となるのが視覚系です。網膜に供給される下行神経細胞は、視覚野に向かう上行神経細胞よりも多く存在しています。[42] 各水準において、条件付期待値（トップダウンのプライア）は、下の水準の誤差を抑制する役割を果たす深部の錐体細胞にコード化される一方、表部の錐体細胞（ボトムアップ）が誤差を押し伝え、上の水準の期待を改訂します。[43]

このモデルは「一緒に発火する〔細胞は〕一緒に配線する」というヘッブの原理とも符合

します。フリストンが言うように[44]、「複数の前シナプス予測と［複数の］後シナプス予測が高い相関にあるとき、持続強度は増加する」。これによると、睡眠や神経発達で確認される現象、つまり大脳の不規則性を減少させて最節約が強化されるようなありふれた発達シナプスの「刈り込み」の役割が示唆されています[27,36,45]。第五章では、精神分析の夢分析がこれらのプロセスを促進すると示唆されています。

FEPはひたすら無意識に作動しているのではありません。FEPは意識を創発現象として捉えており、脳生活が入れ子状の能動的推論階層を上昇して[46]複雑な自己表象の役割が結晶化しはじめると生起する現象[47]として考えています。この理論のおかげで、感覚の水準で起こる事柄から始まり、より高度な諸機能や抽象的な思索、そしてこころが意識的に自分自身の処理加工を省察する様相まで推定することができます。どの水準であっても、もっともシンプルで情報効率が優れている精神／神経表象が最良であり、自然淘汰を受けて優勢となるでしょう。

ある意味ではEFPは「会話的」であると考えることもできます。つまり、トップダウンのプライアないし生成モデルがボトムアップの外界（外受容）や身体（内受容）に由来する感覚と**会話する**という意味です。それからその出会いが投げかける乖離や「誤差」を最小化することで合意や同意に至ります。このプロセスは脳の神経経路の上昇・下降において複数の水準で連続的に切れ目なく進行しています。

最後に、いわゆる「暗室問題」[48、49]に触れずしてこのPEMの説明の試みを終えることはできません。さて、脳の主要な目的がサプライズを最小化し、なにがなんでもエネルギーを拘束することにあるとしたら、完全に予測可能で感覚を最小化した環境に私たちが撤退しないようにしているものとは何なのでしょうか？　しかし、複雑な環境に適応するためには、私たちは**選択**をしなければなりません。手に入りやすい食料と、もっと栄養価の高い食料の捜索を比較検討し、幅広い選択肢のなかからふさわしい配偶者を選び出し、流転する環境に広く対応する必要があります。アフォーダンスとは、親しみやすさと新規性の中間領域にあるものです。「ゴルディロックス」注意とは、完全なる予測可能性や絶対的混沌にまったく注意せずに、なんとかやりくりできる範囲の新規性にワクワクする赤ん坊に確認されます。[50]信頼できる他者が存在していれば、この新規性追求と探索とが促進されます。

関連する問題は、一見すると保守的な図式に見えるFEPが興奮・探索・革新・創造性にどのような余地を与えているのかという点にあります。パンクセップによる遊びと追求という基本情動[51]は、FEPによるこころのモデルのどこに適合するのでしょうか？　リスクを冒すことと新規性を求めることが青年期および成人期初期に最高潮と迎える点を考慮すると、ひとつの答えが導き出されます。つまり、脳はその所有者が一生のあいだに直面する可能性があるリスクに備えて、生存シナリオのレパートリーを構築しておく必要があるということです。予測誤差最小化が新規性に対して常にうまく調節されているため、私たちは適応を向上させるプライア－ポステリア修正を被ることになります。エネルギー拘束が——ドーパミン系を介して——「報酬的」となるので、PEMは強直に動機づけを起こすものとなります。私たちの動機づけが低下している場合、すなわち欠損のある行為主体によってエネルギー最小化の手続きが損なわれている場合、慢性的にネガティヴな感情状態は精神疾患の前兆となります。心理療法とは、サプライズが許容可能となりついには喜べるものとなる——周知のような、癒しの涙という形をとるような場合は特に——ような「デュエット・フォー・ワン」の状態を創り出そうとする試みです。

第二章 ■ 精神分析との反響点

ここで活動中のベイズ脳の日常例に目を向けてみましょう。そうすることで、PEMとお馴染みの精神分析のテーマとが結びつくのではないかと願っています。

ある晴れた春の朝のこと。農地を毎日走っていると、その農地の主人がここ最近に除草剤を散布したことに私は気がつきました。不快な悪臭が漂っており、軽い吐き気を催しました。前年度の同じ時期に軽い病感に苛まれていたことも思い出しました。その翌日、同じ道を進んでいると、臭いはしませんでしたが、**視界の片隅が**黒くて羽ばたく物体を捉えました。私はまず、昨日の毒が作用した鳥かカラスか、と思いました。**視界の中央へ**と頭を向けてから、さらに**近づいて**調べてみよう、必要ならばそのカラス科の鳥を助けてあげようと思いました。ところが、近づいてみますと、その傷ついているだろう鳥は、風で飛ばされた黒いビニール製肥料袋の切れ端に過ぎないことがわかりました。

このささいな出来事はＦＥＰとベイズ原理の多くを示してくれています。

- 刺激は**多義的**で、それゆえに高水準の**誤差**と潜在的な「自由エネルギー」の影響を被る。
- この体験に帰属される「**プライア**」ないし意味は、視野の片隅という**選択的サンプリング**および内受容性の吐き気の想起に基づいており、「弱った鳥」というトップダウンの構成概念を導き出した。このような記憶に基づく多義的刺激の構成は**転移**の一例と見なされうる。
- その多義性を解消するべく、自由エネルギー最小化（free energy minimisation：ＦＥＭ）が必要であった。それは、（a）**行為**──「ノイズ」を減らして感覚サンプリングの**精度**を向上させるべく羽ばたく物体へ頭を向けて移動すること──を経由し、（b）**仮説修正**──「今日中に毒は消えるだろうが、鳥に影響がまだ出ているのはおかしい」──

が要求される。

- **能動的推論**は、安定した「**ポステリア**」につながった。すなわち、外的（「ビニールが垂れ下がっているだけじゃないか」）および内的（「吐き気がなければ病気ではない」）現実を自由エネルギーで最小化した表象につながった。
- **最節約** parsimony により二つの可能性が生成された。弱った鳥かビニール製の袋か、である。結果として後者が優先された。羽ばたき flap（サプライズ）は憚りなし no-flap となった。自由エネルギーは再び拘束された。

これらのことはすべて半ば意識的に行われていました。ほとんどの時間、予測誤差／サプライズの最小化は気づかずに起こっています。私がＦＥＰおよび心理療法との関連性について同じように頭を抱えていたことでこれらのすべてが意識に気づかれることとなりました。そして、私自身、ひいては読者であるあなたとこの点について会話するようになりました。

ビオンとFEP

さて、怪鳥の出来事から泣いている子どもの話に戻りましょうか。要求どおりに養育者がいる場合もあれば、どうしようもなく遅れて養育者が来る場合もあります。うまく予測するためには、**心の理論**が必要です。ベイズ脳は助けを借りつつ、子どもの対人世界を形作る原因・感情・動機づけ・意味を推測することを徐々に学習してゆきます――つまり、メンタライズするということです。この計算には予測誤差が組み込まれています。この誤差が**行為**の舵取りを担い、あやまちを最小化するように目指し、**信念を更新する**ことを介して、子どもが置かれている世界のアフォーダンスと予測内容が一致する可能性を高めようとします。

「ママ、昨日の晩、お腹が痛くなったの。呼んだのに来てくれなかった！　どこかに行っちゃったと思った」
「あぁ、ごめんね、かわいい子。辛くて怖かったよね！　熟睡してしまってたのね。またなにかあったら私のところに来て起こしてね[1参照]」

ここで、子どもは行為（「来て」）の役割、感情の共調整（「ごめんね――なんて辛いのかしら」）、関連する仮説やプライアを生成する様子（「きっとママは寝ていて私の声が聞こえなかったのね」）を教わっているのです。プライアーポステリアの相互作用の**会話的**ないし語り的側面にご注目ください。物理的世界に対しては脳の世界モデルと環境が語りかけている内容との乖離――鳥ではなく単なる黒いビニール――を明らかにするために行為が活用されています。対人世界の場合、この対話は物理的対象との対話というよりも――もっとよく見るために頭を動かすことなど――ほかの人たちとの対話であり、交互的な発話行為の共同プロジェクト参加を意味しています。

これにより私たちが導かれる方向性が、対人的で発達論的なテーマです。ここで精神分析が関与しはじめることができます。FEPが神経「エネルギー」に関するフロイト初期の思索と並行する様子をこれまでに見てきました。母性的もの想いやアルファ機能（つまり、プライアの貯蔵庫）がどのようにして赤ん坊の生《なま》の体験の「処理」を手助けするのかに関するビオン[2]の描写とも共鳴している点とも地続きです。先の例では、母親が子どもの抱える恐れに言葉を添えています（「なんて怖かったんでしょう、かわいい子」）。FEPの用語で説明すれば、母親は自由エネルギーを拘束し、予測誤差を解消するうえで有益なトップダウンの入力を提供している、と言えるでしょう。[3参照]

この**借り出された脳**[4]モデル――赤ん坊は母親の脳を「借り入れる」ことで自分の体験を意味了解する――は、ベイズ過程に対人次元を導入しています。メンタライズすることが得意な親は安定型の乳幼児をもつ傾向があります。[5] そのような親たちは子どもの立場になって考えることがたやすく、大人から見るとささいなこと――母親が一時的にそばにいないこと――が、幼い子どもからすれば危険に感じられ、見捨てられ不安の引き金となる点を理解できるのです。親がメンタライズすること――乳幼児の感情を理解・共鳴すること――はまずは非言語的で黙示的なものであり、表情、声の調子、親和的な接触、なだめたり刺激したりする揺れのリズムによって伝わります。これらの身体化された身振り手振りは、養育者の視座から眺めた乳幼児とその世界のモデルを提示します。このおかげで、子どもは一次的感覚シグナルを情動の意味や対人関係の意味の規則性へと統合することができます。[6]

このように予測可能性が向上する文脈のなかで、乳児は母親の乳房に端を発する環境と、他者のこころを探索し、無意識的空想や原表象によってベイズ的プライアの乳児独自のレパートリー（例：「良い乳房」「悪い乳房」[7参照]）を築き上げはじめるのです。養育者に由来する予測可能な入力の手助けを借りて、乳児の脳は自己と非自己の対立が生成する感覚を区別しはじめ、早期自己性と行為主体感を始動させます。そのような手助けがあまり予測可能ではない場合、あるいは存在しない場合、あるいは倒錯的である場合、精神病理が徐々に立ち現れてきます。

ビオンの考えは三つの主要な方途でＦＥＰに対応しています。第一に「空想」はトップダウンのプライアの貯蔵庫のように考えることができます。その一方で、現実は身体の内外に由来するボトムアップのメッセージでコード化されます。精神分析とＦＥＰが重なるのは、ネゲントロピー・モデルで暗示されている境界の概念です。生命体は統計上、環境との――物質的・情報的――「対話による」やり取りが生起するような浸透性の高い境界を保有しています。この境界によって、あらゆるシステムや生物と、それらを巻き込む環境とが線引きされます。この境界内では「内的世界」は環境とその内部に存在する有機体のモデル――つまり「自己」（その表象がどれほど原始的ないし無意識的なものであったとしても）――を含有・暗示しています。

こころの劇場にあって、望遠鏡や顕微鏡などの人工的な推論機械の手助けを借りて私たちは、宇宙の果てにまで、想像しうる最小の粒子にまで意識を拡張することができています。ところが、結局、感覚上皮に与える影響と、その感覚が喚起する能動的推論に頼ることでしか世界を知ることはできません。フロイトに倣って、ビオンは意識と無意識の考えのあいだに「接触障壁」を設けて、その障壁のおかげで空想と現実が峻別されて現実原則から快を得ることが可能となるとしています。マルコフ・ブランケットは、感覚上皮から意識／無意識の境界面《インターフェイス》のレベルまで、神経系の階層全体に適用されます。ブランケットは、ビオンの接触障壁のベイズ版等価物なのです。[8,9]

ビオンとの第三の連結は、体験の対人間的《インターパーソナル》性質に関わっており、コミュニケーションとしての投影同一化というビオンの考えと関連しています。この種の投影同一化では、母親は子どもの代わりにさまざまな事柄を感じることになります。先の展開を予見するような脚注のなかで[10]フロイトは次のように述べています。

> 快原則に隷従し外界の現実をなおざりにするそのような器官編成では、わずかのあいだすら生

存は覚束ないはず……との異論があがるのは当然である。しかし、乳児は**母の世話さえあるなら**そのような心的系をほぼ実現していることを考えると、この種の仮構を用いても差し支えあるまい。（強調は筆者）

マルコフ・ブランケットを通して眺めると、孤立した個人の「世界」は推論されることのみ可能であり、絶対に直接体験することなどできはしません。ただし、対人関係という宇宙（最初は養育者と乳児の関係）では、私たちは現実と邂逅し、自分が知られているのと同じように自分自身について知りはじめることができます。信じることで見ることが左右され、信念が意味豊かになるためには養育者やより広範な文化を介して伝達される対人間的《インターパーソナル》なものであるべきです。子どもと養育者のあいだにある「認識論的信頼」[11]が問題となれば、この借り出されたビオン脳モデルは破綻します。母親の三角測量を剥奪されてしまうと、そのような子どもは自分で自分の不適応的信念に翻弄されてしまうことになります。これらの事態は次章で押し広げてまいりましょう。

第三章■関係性神経科学

これまで議論の中心となってきたのは、エントロピーの宇宙を理解して操作し、生き残ろうとする孤立したベイズ脳——少なからず、一般的心理療法家の関心からかけ離れた内容かも！——でした。本章では、実際の現実により近づき、このような二つのベイズ脳が協働した際に起こる出来事について検証していきましょう。

デュエット・フォー・ワン

現代神経科学における強力な一要素は、自己を身体化された行為志向的で**超社会的**な存在であると捉えています。[1, 2] フリストンとフリスは、[3] 鳥の共同さえずりをひとつの範例として二者のPEMの数学について記述しています。フリストンらはボトムアップとトップダウンが**物事の中途へ** in media res 遭遇した場合に生じる行き詰まり防止のために、行動中は感覚のフィードバックが抑制される現象「感覚減衰」[4] について考察しています。

感覚減衰は、言語的なもの非言語的なもの問わず、人間の相互作用の根本的な特徴である「話者交替」を下支えしています。[5] 全体的な話として、人間は聴くか話すかのどちらかを選ぶことができますが、両方を選ぶことはできません。しかし、相互作用する二つの行為主体がミラー・ニューロン・システムを利用して相互にお互いを自分「と同じ」だと想定しているとします。そうすると、**両者のあいだに存在するエネルギーの境界が一時的に解体します。**両者は手を取り合って「共有された脳」ないし「ニッチ」[6] を築き上げ、それにより、能動的推論とプライアー・ポステリアの修正が可能となります。ジョンが聴いていると、ギルの発話はジョン自身の内に生じたかのようにPEMを被りうるということであり、同じようなプロセスがジョンと相対しているギルにもあてはまります。ジョンとギルがお互いに学び合うにつれて、脳構造や記憶システムは相互に修正されてゆきます。結果として生じる同期性は「第三項」[7]という精神分析概念を彷彿とさせます。「第三項」とは、親密な二人の参加者（つまり、分析家と被分析者）のあいだで芽生えるアイデア、気持ち、イメージを指し、双方がこれに寄与していますが、どちらにも付随しないものです。フリストンとフリスが述べているように、これはひとりのためのデュエット duet for one を生み出します。すなわち、それは

……コミュニケートする行為主体（自分自身含む）のあいだで共有されている集合的な語り［を指す］。たとえば、会話に興じているときやデュエットを歌っているとき、私たちが体験する（固有受容的・聴覚的）感覚［ボトムアップ］は歌についての期待［トップダウン］に基づいている。これらの信念は、歌（例：讃美歌）があなたのものでも私のものでもないという意味で、行為主体性を超越している。[8]

臨床的に述べると、この洞察は、セラピストがカップルや家族療法で役割演技を活用する際、あるいは個人臨床で私たちの内的世界に息づく種々の声を探索する際にしばしば利用されています。参加者は、役割を交代することによって、聴くことも行うことも学び、たとえば理解する立場、感じたり苦しんだり押し付けたりする立場などの固定された立場に囚われる状況から解放されます。

ここでのEFP／PEMの指摘によると、信頼できる他者が存在していて、その脳が一時的に貸し出されることで、苦しんでいる人は慢性的な予測誤差から解放されます。発達がスムースに進む場合、この信頼できる他者は親であったり、友人であったり、恋人であったり、パートナーであったりします。そうではない場合、心理療法家がこの役割を務めます。次のセクションでは、脳を借りた関係性に関する神経生物学について解説してみましょう。

生物行動学的同期性

バレット[9]の論じるところでは、FEPは西洋文化に蔓延る「本質主義」に対して果敢に挑戦しています。これを精神分析的に表現すると、フロイトの脚注[10]で仄めかされてウィニコットが残した有名な箴言「ひとりの乳児などというものはいない、乳児と母親がともにいるだけである」[11]となります。バレットの理解にあるように、個人、その脳、その情動は静的な実体ではなく、常に変化しつつも相互接続されたプロセスの連鎖の結節点なのです。フェルドマン[12]は、出生前と周産期の母子一対を分析し、このような生物行動学的同期性のプロセスを次のように記述しています。

……両親と乳児それぞれの脳と行動が乳児の脳成長を支え、社会的能力《コンピテンス》を支える同期ユニットに共配線されること。[13]

この赤ん坊の脳と母親の脳の同調――生理・行動・感情の相関関係、対応関係、相互調整――は、子宮内から始まります。[14]産後の同期性はさまざまなレベルで適用されます。つまり、神経レベル（ミラー・ニューロン経由）、生理レベル（心拍数）、ホルモン・レベル（オキシトシン）など、さまざまにあてはまるのです。行動レベルでは、同期性は映し返しや遊びに満ちた／愛に満ちた相互作用で明らかなものです。このような複雑な母親‐乳児のフィードバック・ループの出発点は、妊娠後期と分娩時に母体オキシトシンが放出されるところから始まります。愛情の絆を確立・維持するうえで重要な役割を果たすオキシトシンは、母親が目と目を合わせて相互に見つめ合い、合図を即座に正確に汲み取り、赤ん坊のニーズに合わせて声かけや触れ合いを調節しつつ、宥めるように近しく愛情深い身体接触を介して我が子と相互作用する準備を整えます。ショア[15]は、乳児と母親による視覚を媒介とする右脳同士の反応性と、右記の事柄を結びつけています。これらの乳児のホルモン・神経細胞プロセスは、子どもが親とのつながりを深めて親しみを感じるようになる事態を意味しています。

刻一刻とした行動同調、つまり親‐乳児の近接と接触は、親子の脳で次々と生じる一連の反応を引き起こします。オキシトシンはパルスとして放出され、母親側の急増が乳児側にオキシトシンを誘発します（逆も然り）。

オキシトシンの機能性は、社会的同期を体験的に繰り返すことで、親から子へと転移される。[16]

オキシトシンは、ほかのホルモン系や神経化学系、特に恐怖系（扁桃体）やドーパミン作動性報酬系と「対話 cross-talks」しています。フェルドマンの理解によると、**保護ボンディング**（オキシトシン）、**快／報酬**（ドーパミン作動性）、**恐怖**（扁桃体）というこの皮質下の三角形は、精神分析的な意味での無意識を神経解剖学的・内分泌学的な基盤としています。前頭前皮質（ＰＦＣ）は、これら三つのネットワークすべてと接続されており、これらのバランスを調節する調整を提供しています。ＰＦＣの助けを借りて、トップダウンのプライアは、入ってくる感覚入力によって活性化される辺縁系と関連するボトムアップの予測誤差を最小化することができます。

生物行動学的同期性は、母親‐乳児の関係性に限らず、一次的養育者と二次的養育者である父親でも、[12] 生物学上の親ではない人物でも実証されています。乳幼児が発達するなかで典型的な父親はその発達後期で異なる役割を務めますが、男性の脳は十分に可塑的であり、必要とあらば乳児の直接的なケアの要求に適応し、女性による場合と同様に、オキシトシンを分泌することになります。

人間という種の生理システムは、さまざまな状況・条件のもとでの生存を確実なものとするべく、多重経路と緩衝システムを進化させてきました。それにもかかわらず、生物行動学的同調は明確に機能不全に陥りやすいようです。カスピとモフィットらによる三〇年間の追跡研究[17]によると、幼少期の累積ストレスに満ちたライフ・イベント（**小児期逆境体験** Adverse Childhood Experiences：ＡＣＥｓ）が大人になってから生じるうつ病リスクの上昇と関連しています。しかし、すべての子どもが同じような影響を受けるわけではありません。「長い」セロトニントランスポーター遺伝子（５－ＨＴＴＬＰＲ）をもつ子どもは、短い変異体 **variant** をもつ子どもよりも逆境に強い可能性が高いようです。霊長類[18]やヒトの研究では、これらの短い対立遺伝子である「ラン」の個体は、**好ましい環境**であれば、長い対立遺伝子をもつ「タンポポ」の個体よりも**さらに**すくすくと育つことが示されています。

　心理療法家にとって、これは、人びとが援助を求める脆弱性そのものがセラピーの良性の影響に対する反応性を高める可能性がある点を意味しています。心理療法の援助を求めるクライエントは、早期の逆境によって傷つけられた人たちです。しかし、この**生態学的感受性モデル**[19]における神経可塑性のおかげで、セラピストは、正しい情況――セラピーそれ自体だけでなく、クライエントの環境という文脈も含まれる――があれば、伸び代はまだあると確信できるようになります。

「デュエット・フォー・ワン」と、それが可能とするPEMの共有に話題を戻しましょう。親しい一対（親子、同胞、恋人、友人）はお互いの生態や行動を同期し、それを映し出します。[20] 安定型アタッチメントは、ライフ・サイクルを通じて社会的・物理的探索のための足掛かりとして「認識論的信頼」を伝達します。コアン[21]とその同僚たち[22]は「手を握る hand-holding」パラダイムを用いて、幸せな結婚生活を送る夫婦を研究しました。その妻はfMRIスキャナ内にいるあいだ、ストレス――軽度の電気ショックの脅し――に晒されました。HPA軸覚醒の指標（ストレスの度合い）は、単独で脅しに直面した場合と比較して、夫の手を握っている場合、最小ないし皆無であったようです。コアン[21]は「夜中に吠えなかった犬」[訳注1]の結果に困惑したと告白しています。コアンは、夫が存在していることに対してより活発な脳反応が生じると予想していたためです。けれど、FEPの観点から眺めれば、このよ

訳注1　dog that didn't bark in the night は、アーサー・コナン・ドイルによる「白銀号事件」（シャーロック・ホームズのシリーズ）に由来する表現で「一見すると不自然ではないことが、状況を踏まえて考えれば不自然であること」を意味する。

うな一対のシナリオではPEMが促進される、と言えるでしょう。自分しかいないシナリオの場合、トップダウンのプライアが精度の低い感覚入力を無視するという、ファストトラックな[23]「危険」モードに入るのが適応的です。つまり「棒を蛇だと思っておこう」というわけです。デュエット・フォー・ワンのシナリオでは、借りた脳の無痛の仲間と体験を共有することで、拘束されていない潜在的なエネルギーを最小化することができます。感覚サンプリングとありうるトップダウン反応をかなり慎重にマッチングさせることが可能となります——たとえば、「実験者は私たちが本当に嫌がるようなことをするつもりはない」と信頼するなど、を指しています。

生物行動学的同期性の研究では、生後一年の同期性が大きいほど、就学時に向社会的で探索的で、不安の少ない子どもになりやすい点が示されています。[12,14] 心理療法のクライエントは一般的に、これまでの発達歴のなかで協調学習の時期が短かったり、もっと悪い場合には、協調や満足感ではなく嫌悪刺激によってアタッチメントの絆が強化されていたりしています。[24] 子どもが母親のうつ病、分割、恨みを基盤とする自己語りを内在化している可能性があるという点で、脳を借りることの負の側面として後者の場合を考えることもできるでしょう。[25]

セラピスト／患者の生物行動学的同期性をめぐる具体的な実験的証拠はまだ存在していません。けれど、大半のセラピーの「共通要因」には、温かく、穏やかで、静かで、邪魔が入らず、一貫性があり、予測可能で、規則的で、安心できる治療的雰囲気が含まれています。これらは、安定した母親－乳児の関係の生物行動学的側面のいくつかを再現・喚起するものです。セラピストは、クライエントの発達体験に非常に欠けている、感受性に富んだ接触、つまり「愛撫 caress」[26]を比喩的に提供するのです。

パーソナリティ障害に苦しむ人たちは一般的に、圧倒的な不安と一触即発の状態にあります。[27]パーソナリティ障害を抱える人たちにとって、スローに考えるより、むしろファストに考えることのほうが普通のことなのです。[23]知覚的歪曲とすっかり染み込んだ予測誤差により深刻な影響を受けており、自由エネルギーをささやかな予測可能性（どんなに機能不全的なものであっても）に拘束する必要性《ニード》に駆り立てられています。心理療法の初期の課題は、生物行動学的同期性の程度を再確立することにあります。セラピーのパターンやリズムは、安定型アタッチメントに典型的な共同注意や感情的映し返しと同様に、この再確立を助けるものです。このことが問題となりやすくなります。このことが問題となりやすくなります。

ような信頼は、セッションごとに変化しますし、セッション中であっても瞬間瞬間で変化し、脆く揺らめく草花のままです。生物行動学的同期性に対する障害を特定・理解・克服することは、効果的な心理療法の作業で前提となる条件です。

臨界期

社会神経科学の関連テーマとして、臨界期や**敏感期**というものがあります[14,28]。これらの時期は、環境の影響とそれによる神経可塑性がもっとも顕著になる発達プロセスの短い期間を指します。敏感期の神経ホルモンを構成する成分には、前頭前皮質（PFC）、扁桃体、HPA軸とコルチゾール系が含まれます。母親が存在することで、扁桃体発達も乳児の探索行動も影響を受けます[29]。母親のもとにいる安定型アタッチメントを示す乳幼児は、不安定型の乳幼児や母親がそばにいない乳幼児と比べて、「視覚的断崖」に怯えさせられることが少なく、唾液中のコルチゾール値も低いのです。敏感期には、母親の存在がPFC－扁桃体リンクを強化し、引き締めます。母親がストレスを受けている場合、あるいは親を剥奪された子ども

（例：ルーマニアの孤児）の場合、親の存在がもつコルチゾール値を低下させる緩衝作用の影響が減少します。右記の神経可塑性が低下した子どもは、より不安になり、冒険心を失い、不安障害になりやすくなります。[30]

動物モデルでもこのような観察が裏づけられています。母親ラットのそばにいる子ラットは、新しい匂いを興味深く魅力的に感じますが、成熟したラットは匂いを嫌悪するようになります。母親を剥奪されたラットは最初から匂いを嫌悪し、成体になると概して探索的ではなくなり、新奇性に反応しやすくなります。[28] 敏感期に母親がいることで、これらの幼体は成熟した際、より発育し、探索的になることができます。

育児に中断が入った子どもや、至適ではない育児を受けた子どもは、継続的に一貫した育児を受けた結果としてこれらの関係性による緩衝作用が働く敏感期が長期化した子どもと比べて、一見すると成熟して見えるかもしれません。そのような子どもは、不可思議な自己感を抱いている場合があります。このように加速された発達は、緩衝作用をもたらす養育者がいない場合、警戒や脅威回避方略が必要となるという意味では適応的ですが、長期的に見るとＨＰＡ軸の過大活動ないし過小活動や情動処理障害という否定的結末をもたらす可能性があります。

セラピーがクライエントの人生における敏感期を再開させるおかげで、苦しみのなかにいる患者は感情調節的な養育者の存在に反応することができるようになります。同調と生物行動学的同期性の庇護のもと、新しい人間関係の位置づけに必要な神経可塑性が活性化されるようになります。セラピストから借りた脳は、不安定なPFC／扁桃体のコルチゾールを介した逃走／闘争の傾向を調整しはじめます。遊び心に満ちた内外の対話が（場合によっては初めて）可能となります。これはクリスの[31]「自我による自我のための退行」であり、芸術の創造性と心理療法の特徴でもあります。つまり、自己を作り直す機会であるので、より包括的で、より首尾一貫としており、本来的な行為主体感に染み込んだものとなります。メンタルヘルスの実践において、この楽観主義は、精神病理学に見られるPEMの混乱や機能不全に立ち向かわなければなりません。

第四章■自由エネルギーと精神病理

ベイズ・モデルでは、自由エネルギーの最小化は、本質的に予測不可能な環境に適応すること、エントロピーのプロセスに対する防波堤、そして人間という種を構成する社会的環境において繁栄するための足掛かりとして進化した点が示唆されています。しかしながら、ネゲントロピーには本質的な脆さがあります。エントロピーの世界では、〈赤の女王〉が言うように「同じ場所に留まるためには、力のかぎり走らねばならぬ。どこかほかの所に行きたければ、少なくともその二倍の速さで走らねばならぬ……」[1]。

この脆さは、おそらく心理的な病い／精神病理の基盤となるでしょう。さまざまな方法をとってもうまくいかないこともあります。まず、トラウマという危険が常につきまといます。計画は完璧であるにもかかわらず、予測不可能で、思いがけない、有害な環境の侵襲がPEMに襲いかかることがあります。フロイトは次のように繰り返し述べています。

私たちが「トラウマ的」と呼ぶ……〔のは〕刺激保護を破綻させるだけの強さをもった外部からの興奮〔であり〕……エネルギー運営に取り返しのつかない障害をもたらす……[2]

のであり、

……これらの系は到来してくる興奮量を十分よく拘束できる、刺激保護が破綻すると、その帰結はそれだけいっそう容易に現れ出てくる。[3]

このことは、先述の**小児期逆境体験**――ネグレクト、悲惨な喪失、情緒的・身体的・性的虐待――に苦しんでいる人たちにとりわけ関係しています。フロイトの示唆によれば、トラウマをトラウマたらしめているものは、外的世界のエントロピーと内なる生きた秩序がひき裂かれるという形で、自己を保護する防御楯が突き破られている事態を指します。[4] 定義上、トラウマは思いがけず、予測不可能で、非随伴的なものであり、多くの場合、暴力的な性質を帯びています。予測誤差が慢性的に最小化されない状況で痛みに満ちた「陰性感情価」[5]が生じるために、心理的トラウマは負担となるのです。フロイトによるトラウマの定義は、来るべき自由エネルギーを拘束するトップダウン・モデルの不在を指摘しています。

セラピーでは、治療関係のなかでトラウマ記憶が再びもたらされます。重篤なネグレクトや悲惨な喪失を被った人にとって、セラピスト側の休暇による途切れは突如訪れる死として体験され、セッションとセッションのあいだの途切れは気が狂っているネグレクトとして感じられるかもしれません。けれども、目下その事象が**共同で実演**されており、**共有された**PEMに利用できるため、その事象は「万能の領域」[6,7]に持ち込まれることが可能となります。相互的にメンタライズされると、喪失や暴力と連合して拘束されていないエネルギーがコンテイン可能なものとなります。

能動的推論の能力が損なわれた際に、精神病理を形成する第二の脆弱性因子が生じます。

予測誤差の最小化は、トップダウン・モデルとボトムアップ・シグナルがダイナミックに相互作用すること（「会話」）に左右され、その動的相互作用のどちらの方向にも存在する固有の誤差が考慮されます。これは「精度重みづけ」によって決まります。第一章で述べたように、能動的推論には、（a）行為主体 agency、（b）プライア－ポステリアの生成モデル修正を必要としています。行為主体は感覚入力の精度を高めます――「弱った鳥なのか、単に垂れ下がっているビニールなのか確認してみよう」。モデル修正は、ボトムアップ感覚の正確さと利用可能な意味のバランスをとることに左右されます――「昨日気分が悪かったから、弱った鳥だと思っただけだろうな」。

行為主体スキルもモデル修正スキルも、発達プロセスで獲得されて研ぎ澄まされるものです。それゆえに、環境の途絶の影響を受けやすいのです。子どもは自身の家族の生態系で優勢な情況に適応してゆきます。FEPの主張によると、サプライズはどんな犠牲を払ってでも最小化されなければなりません。逆境的な発達情況を考えてみると、ホメオスタシス上急務となるのは、単純化された時代錯誤の方途で複雑さを減らして、体験を考慮して予測を修正するために必要となる「消極的能力」とリスクテイキングを抑制・制限することなのです。

精神医学的診断を純粋に記述現象学から神経科学に基づく布置に移行させようとする試みと同様に、FEPの信奉者たちは、精神疾患の諸側面を予測誤差という言葉で定式化することに着手しています。第一章で説明したヘルムホルツ・モデルに従うと、PEMは二つの方途のいずれかでうまくいかないことになります。まず、妥当な感覚情報が時代錯誤かつ／また単純化されたトップダウン・モデルに上書きされるという事態を指します。逆に、感覚入力の精度が高すぎるあまり、世界の生成モデルが疎かになってしまう場合もあります。図式的に述べると、これらの「予測誤差の誤差」はそれぞれが精神病と自閉症に対応します。

精神病、とりわけ統合失調症を「顕著性調整不全症候群」として考えてみてはどうかという示唆もあります[8]。ここでの「顕著性」という用語は、予測誤差に関連する言葉であり、生成モデルが非確定的なボトムアップの体験から影響を受けないようにすることで、生成モデルが過剰に重みづけられる事態を指します。このように、パラノイア的な妄想では、正反対の証拠が存在しているにもかかわらず、世界は悪意に満ちた意義に満ちていると体感されます。

エルマコワら[9]は、精神病者が実際に予測誤差処理に障害を抱えている点を示しました。彼らは、ｆＭＲＩスキャナでモニターして、精神病患者と神経学的定型者を比較しました。被験者は、金銭的報酬を獲得するべく、二つの画像のどちらかを選択するように要求されました。一方の条件では、被験者が報酬を得るためには自らの予測を修正する必要がありました。もう一方の条件では、報酬がランダムに割り当てられていました。体験を考慮して予測を修正しなければならない条件では精神病患者の成績はいまいちでしたが、無作為選択の設定ではそうではありませんでした。精神病者のｆＭＲＩでは、中脳と右背外側前頭皮質のあいだの誤差シグナルにおいて、神経学的定型者との予測に有意な差が確認されました。ボトムアップ（中脳）とトップダウン皮質モデルのコミュニケーション／会話が損なわれており、特に精神病に関与するドーパミン作動性経路でその傾向が見られました。

その主張はこうです。妄想に伴う神経科学的異常は、ＰＥＭプロセスにおけるシグナル／ノイズの「利得gain」に影響を与え、そのために可能なモデルの不正確さが割り引かれるようになる、というのです。例を示しましょう。

「私の家は蛇に囲まれています」

「しかし、実際に確認したのですか？　単なる棒である場合もあるでしょう？」「ボトムアップの証拠はどうでしょうか？」

「いいえ、でもそれが潜んでいることがわかる know のです」「証拠に関係なく、自分のトップダウンは手放さない」

このことは、正反対の証拠があるにもかかわらず、精神病的信念を持続させるメカニズムが存在する可能性を示唆しています。ＰＥＭは、妄想を徹底的に議論しようとするのは逆効果であるという精神医学の格言を裏書きしています。クライエントの体験が妥当であると受け入れることは、ＰＥＭ階層のより高いレベルに進むための前提条件であり、そのなかでより低いレベルの間違った推論とぶつかることなく、病いの可能性を共同で考えてみることができます。

精神病がトップダウンの予測誤差の最小化における機能不全であるとすれば、ＦＥＰの理解では自閉症はその反対の事態です。自閉症では、「感覚 sense の虜になること」が起こっており、感覚入力固有のノイズが割り引かれています。文脈化して関連する入力にのみ注意を向ける能力は稼働していますが、メンタライジング——考えることについて考えること——、それゆえに感覚データに関連性の基準を課すことは停止しています。

重要なのは、FEPもですが外受容入力と同じように**内受容**にも適用される点です。[10] 脳というトップダウンは、外的世界からだけではなく、身体内部（心臓、肺、腸、生殖器、手足など）から受け取る感覚の説明もしなければなりません。オンガロとカプチュク[11]は、身体化障害は内受容感覚に過剰な精度の重みづけがなされる推論手続きの観点から捉えています。ここには二つの理由が考えられます。第一に、自分の身体感覚は絶えず変化する環境からかき集められたものよりも「正確」であると考えられていること。第二に、概して**仮説ではなく「習慣」**として組織化されているために——「強情な科学者」[12]のように——自分の身体感覚がトップダウンの修正が受けつけられないこと。不適応的に予測誤差を減らすことは、過剰に重みづけられた内受容入力——心拍数上昇、息苦しさ、ほんの一瞬の痛み——を硬直した恐怖ないし抑うつ的なプライアとマッチングさせることを必要とします。これは、不安を生み出すような内受容をさらに強化する悪循環をセット・アップしています。

オンガロとカプチュク[11]は次のように述べています。

ありとあらゆる症状は、絶対に生理的機能不全にのみ還元可能ではなく、生理的機能不全と大雑把に関連したりしなかったりする推論プロセスの産物なのである。それゆえに「説明される」症状と「説明されない」症状とは地続きである。……[13]

内受容に関するFEPの枠組みで気分障害も同じように概念化することができます。[14,15] **社会的リスク仮説**によると、うつ病の典型的な引き金となるのは、実際の喪失や象徴的な喪失かのどちらかです。「二重苦 double whammy」において、喪失は情動の痛みの引き金となります。一方で、その痛みがアタッチメント力動を介して共調整されうるまさにその相手がもはやそこに存在しない人物なのです。慣れ親しんだ安心基地が取り外されると、脳／心は潜在的なエントロピー感覚に圧倒されます。食欲不振、不安、睡眠困難、社会的ひきこもりは最小化されていない自由エネルギーを鎮めようとする試みなのです。このPEMは、抑うつ的な世界観にしがみつくことを伴い、（セラピストとの希望が芽生えるような会話などの）反確定的行為や抑うつ的なプライアを修正するというようなリスクを冒すことをしません。探索と比較すると、痛みには自由エネルギーが最小化された安全性が存在しています。「子どもはもっと悪いなにかに出くわすのを恐れるあまり、絶えず乳母の手を握っている」[16]。

一命を取り留めた自殺志願者は、自殺を実行に移す前に、絶望が超自然的な穏やかな決心に変わる様子を言い表してくれます。ハムレットは次のように（比喩を交えて）自問しています。どちらであろうか、「やみくもな運命の矢弾を……ひたすら堪え忍ぶか、／艱難の海に刃を向け、それにとどめを刺すか」。「やみくもな運命」は、拘束されていないエネルギーに相当します。ハムレットの自虐は少なくとも**行為**──死によって、ハムレットは自分が世界のエントロピーと安全に調和し、なにもないよりは良くも悪くもないと想像しています──です。しかし、「どんな夢を見るかも分からない……／だから二の足を踏まずにいられない」──おそらく、周知の世界という日常のエントロピーを超えた厖大な混沌が待ち構えているのではないでしょうか。現世の治療アプローチは、そこまで脅威を与えるものではないトップダウンの語りを提供しています。「これもまた過ぎ去る」、「助けがあれば、明日は違う気持ちになれるかもしれない」。

ＯＣＤはＦＥの観点から〈誤った確実性を獲得するための不毛な努力〉として考えること

ができます。ソクラテスの「吟味されざる生に生きる価値なし」という格言に対する応酬として、デネットは次のように述べて気づかせてくれています。「吟味されすぎた生も大したことはない[17]」。

これまで自由エネルギー最小化プロセスを大まかなボトムアップ／トップダウンの二分法で分割してきました。けれども、フリストン・モデルは、神経解剖学的・数学的な形をとって、予測誤差を減らすことがいかに複雑な多層レベルのプロセスであるかを示してくれています。ボトムアップとは、単に感覚上皮の活性を指すのではなく、シナプス結合の各レベルの活性を指しています。ここで関連するのは、スミスら[18,19]が記述した情動覚知（Emotional Awareness：EA）の神経計算モデルです。ここでは情動処理が三つのレベルで区分されています。つまり、（a）内受容刺激の自動的修正、（b）感じられた感情として情動を表象〔再提示〕すること、（c）評価を可能にして、怒りや恐怖によって動機づけられるか、気持ちを割り引いたり落ち着かせたりするかを選択する（メンタライジングに似た）意識的な情動覚知のレベル、です。PEMはこれら三つのレベルのそれぞれと緊密な関係があり、スミスらは精神病理とEA損傷との連合、および治療介入によるEV回復ないし強化方法を取り上げています。

エルマコワらの研究は[9]、精神病の中脳－皮質の相互作用におけるPEMに注目していました。同じようにラニウス、フレウェン、チェルシック、ジェットリー、マッキノン[20]は、心的外傷後状態におけるMPFCと扁桃体の解離について考察し、PFCからトップダウン入力がない場合、患者が物質乱用や自傷行為によって扁桃体活性を減衰させると主張しています。ネガティブな感情を最小化されていない予測誤差の関連から理解すると[5]、マインドフルネスの有益な結果を理解するのに有益でしょう。瞑想者は、恥、恐怖、自己嫌悪などの気持ちが生じるままに観察し、これらのネガティブな情動を儚いものとして捉え、ある程度の平静さを保ちながら、流れて行く雲のように「手放す」ように促されます[21]。このようにして内受容感覚に割り当てられた重みづけが下方調整されて、PEMが以前よりもスムースに進行できるようになります。

要約

これまでの議論をまとめてみましょう。FEPの枠組みでは、能動的推論の困難として精神病理学が考えられています。これは、（a）行為主体性／行為の損傷、かつ／また（b）体験を考慮したモデル修正の失敗に起因しています。これらは次のような原因から生じます。

1 トップダウン推論の過剰な重みづけ（精神病）
2 内受容の過剰な重みづけ（身体化障害、うつ病）や外受容の過剰な重みづけ（自閉症）
3 プライアの不十分さ（トラウマ）
4 内受容を抑圧することで、意識レベルのPEMを利用できないようにすること（うつ病）
5 デュエット・フォー・ワンに他者を募りがたいこと、およびそれゆえに独り善がりの不適応的なPEM手続き（物質乱用、自殺行為、パーソナリティ障害）

6　不適切な複雑性手続き：単純化され過ぎたプライア（パーソナリティ障害）、あるいは複雑性を減らすことができないゆえに行為を抑制すること（OCD）

それでは、これらの一部ないし全体を改善するために、心理療法がどのように機能するのかを考えてみましょう。

第五章■トップダウン／ボトムアップの自動性を切り離す

精神疾患が社会脳の病気であるとすれば、それを覆したり和らげたりするために、自然と文化が介在する修復システムが進化論的に生み出されるのではないでしょうか。エントロピーを阻止するために、生物系は混沌に抵抗し、構造を維持し、適応と生存を高めるための防衛を進化させてきました。[1] 人間の場合では、免疫系という細胞レベルから、対人アタッチメント力動を経て、社会の構造（社会のケアから防潮壁・武器兵器類まで）に至るまで、防衛が「あらゆる段階」で作動しています。保護のためにデザインされたシステムと同じように、これらは当初、不随意で自動的なものですが、補綴的に強化され、目標指向的で社会的な形成物となります。私たちはわれらが哺乳類と免疫系を共有していますが、高密なコミュニティ、都市化、移住の疫学とは、私たちが病気を出し抜く能力を増大させるためにワクチン接種や予防接種プログラムを必要とする事態を意味しています。

本章では、精神分析療法の主要なテーマ——自由連想、夢分析、セクシュアリティ、転移、メンタライジング——がいくつか吟味されています。そのいずれもが、PEMのボトムアップとトップダウンの構成要素を**切り離すこと** uncoupling に依存しています。切り離すおかげで、刺激や感覚をそれらが誘発する生成モデルから分離することが可能となります。この二つの神経細胞の移り変わりを紐解き、それらの相互作用、非相互作用、不適切な重みづけを精査することで、セラピーはより適応的な解決策の可能性を切り拓きます。感覚が推論から取り外され decoupled、調節をして感情を和らげる穏やかなセラピストがいてくれることで、サプライズはもはや危険を意味するものではなく、患者の生成モデルのレパートリーを創造的に広げるものとなるのです。トップダウンの予測の範囲が拡大すればするほど、エネルギーを拘束する機会は増え、硬直的な方略や限定的な方略、あるいは時代錯誤な方略に頼る必要性が少なくなります。同じく重要なのは、外部から入ってくる感覚や内受容的な感覚の「粒度」に耳を傾けることを学ぶという点です。このようにしてセラピーに中間休止 caesura を導入することで、患者が自分の環境（メンタライジングを介せば自己そのものも含む）に対して作用・適応・形成する能力が向上します。

夢

まず、フロイトの常道の（けれども依然として謎に満ちた）「王道」から始めましょうか。睡眠時、とりわけ夢睡眠時には、ボトムアップの感覚入力とトップダウンの予測が大きく分断されてしまいます。外受容は停止しており、競争から離脱して内受容——喉の渇き、空腹、性的興奮、痛み、恐怖など——に勝ちを譲っています。そして、内受容が過剰なトップダウンの夢語りを生み出します。さて、このエッセイのタイトルはとあるフレーズに由来しています。[訳注1] それは、低カロリーの「5：2」ダイエットで[2]「腹ペコ」の日が到来するのに直面しながらも、美味しい食べ物の夢に刺激されて目覚めた直後に筆者のこころに浮かんだ出来合いのフレーズなのです。私のこころの善意がどうであろうと、カロリーを渇望する脳はご馳走をよこせと言い張っていたのです！

夢解釈は、その創始者の時代に比べると少ないかもしれませんが、それにもかかわらず、分析作業の重要な焦点を形作っています。大半の夢は起きてから数分も経つと忘れ去られてしまいますし、多くの人たちが（睡眠の研究室でレム睡眠について調べていても）夢は見ていないと誤って主張します。ホブソンとフリストン[3]の示唆によると、暗い時間になると予測誤差が不可避に増加し、それに伴い〈サプライズ〉として知られている、自由エネルギーの危険も増加します。進化は、二四時間周期の睡眠・覚醒サイクルのなかでこの危険を思いがけなくも利用した、とのことです。たとえ、ジェームス[4]が示す赤ん坊のように「やかましく咲き乱れる混乱 blooming buzzing confusion」に囲まれていなくても、私たちは外部と内受容からの感覚印象に攻め立てられながら毎日を過ごしています。求心的な入力がないため、睡眠によって、潜在的に自由エネルギー的な――エントロピー的な――「日中残滓」の記憶痕跡（フロイトの用語）が、エネルギーに拘束されて出し惜しまれた（つまり、脱複雑化を受けた）表象に統合されます。この合理化ないし神経細胞の刈り込みは睡眠の主機能です。

外受容の入力がないことを鑑みれば、フロイトが夢を願望充足として定式化したのは、願望（内受容に駆り立てられた気持ち）の仕組みと、それがトップダウンの語りに加工されたものとして捉え直すこともできるでしょう。この見解は、**偽装された**願望充足として夢を考えるフロイトの発想を完全に裏書きしてはいません。けれども、この見解では、価値満載で感情的意義に満ちたものとして夢の主題が考えられています。FEPモデルでは、夢見ることには二つの主要な仕事があります。第一の仕事は、右記のような「ハウスキーピング」であり、直近の日中の経験のうち捨てられる籾殻から記憶するに値する小麦を選り分けておくことを指します。[5] 第二の仕事は、私の提起するところでは、**多能性の仮想現実のシナリオ**を生成することを指します。それらの目的は、過去と来るべき体験の移り変わりと予測不可能な種別を包含することができるような語りを蓄積するところにあります。

訳注1　以下、本書の原題「The Brain has a Mind of its Own（脳はそれ自身がこころを持つ）」に基づく記述。

夢では概して既知の「キャラクター」が立ち回りますが、とりわけその表情や顔つきに関しては奇怪性・曖昧性・多義性の度合いによって、覚醒した状態での体験とは区別されています。このため、夢は特定の固有性から解き放たれており、そのためにその**感情価**が高まります。特定の夢と関わる意味と連想は、絶えずいくつかの異なる方向に進むことが可能です。夢のストーリーとそれを覆う言語は多能的であり、したがって実際に起こりうる出来事の範囲にわたってＰＥＭに適用できます。

以下はその一例です。

中年後期の男性ジョンは、対角線の向かいにそれぞれが住んでいる、二組の友人（どちらもカップル）が、共同で「規模縮小 downsized」して、共有フラットないしアパートに移り住んだ夢を見た。その新居を訪ねた際、ジョンはこっそりとイースター・エッグを手に取って、口に放り込んだ。

その夢に関して自由連想すると、ある日のことが頭に浮かびました。その昨晩、ジョンは知人に対して、自分たち夫婦が孫の近くに引っ越そうと思うと話していました。

「おやまぁ、悲しいです」との反応がきた——「でも、おっ死なないように気をつけてください。それは人が規模縮小する際にしばしば起こることなんですよ」。

フロイトは、夢の奇怪さをめぐって、近親姦タブーとエディプス性の影響を被っている欲望は必然的に偽装されるものであると説明しています。彼は、夢の奇怪さをいくつかの顕著な主題が詰め込まれた氷塊に準《なぞら》えました。解き明かすと、そこには夢の主題と言語的比喩が含まれています。

- ジョンが引っ越しの行程に不安と嘆きを感じていること
- 「その角すぐそこにある」老いと死に怯えていること
- 脱性欲化された老後の「フラット」さと「規模縮小」
- 口唇的充足によって補償的に自分を宥めること

• 卵の隠喩：（ⅰ）引っ越しの「部分的に良いもの curate's egg」、その良い面と悪い面、（ⅱ）「孵化」と孫に寄せる希望

FEPの視座から眺めると、夢見ることは潜在的にトラウマ的な自由エネルギーに手を加えることを助け、そうすることで、連合する恐慌を「拘束」することが可能となり、そこに付随する精神的苦痛があまり破壊的にならないようになって以前よりも耐えることができるようになります。トップダウンの推論は、言語的に表象することができるものであり、将来に起こる可能性が高い恐怖と連合したエネルギー――移動、変化、老化――を「拘束」します。多価の自由エネルギーを最小化するプライアを生成することで、予測誤差を減らしているのです。喪失や分離や死という情動的苦痛から逃れる術はありませんが、（キップリングの言葉を借りると）それらの「偽りの虚像 impostors」にトップダウンのプライアで「出会う」ことができれば、エントロピー的なサプライズを防ぐことが、少なくとも先送りにすることができるでしょう。

多義性と転移

第二章で出た「羽ばたく黒い物体」の例では、**多義的な刺激**が提示され、主体は視界の隅になにか奇妙な、あるいは「予想外の」ものを捉えていました。桿体細胞に基づく周辺視野の精度が低いため、このことは前日の体験に基づくプライア――毒に犯された可能性がある鳥――を考慮して解釈されました。けれども、その後の行為――物体**のほうへ向けて**首を動かして中心窩が活性化する――に移すと、この物体はより日常的なポステリア、つまりダブダブの農業用ビニールの袋へと修正されました。落ち着いてからこの一連の出来事を思い起こしてみると、身体化不安（「除草剤で自分は毒に侵されてしまったのか？」）によって、誤差を起こしやすい視覚感覚が内受容に基づくプライアと結びついて誤知覚（「きっとなにかが、あぁ、そうだ、弱った鳥だ」）を生み出した様子がわかります。感情的に顕著な過去の体験（「私の気分が悪いので、鳥だってそうかもしれない」）から築かれたトップダウンの世界像は、不適切な形で多義的な現在へと持ち越された、あるいは**転移された**のです。

多義性の成り行きは、さまざまな意味でＦＥＰのストーリーで重要な部分を担います。第一に、多義的な刺激は私たちの注意を捉えます。予測誤差の最小化が事実と完全には合致しないとすれば、一致する答えを見つけるまで何度も繰り返します。〈アヒルとウサギ〉の絵にしろ、〈ネッカーの立方体〉にしろ、有名な錯視のように、意図的に多義的な意味をもたされた刺激は、トップダウンで生成された矛盾した結論を引き起こすために解決不可能です（「アヒルじゃないか」「違う、ウサギだろう」「両立はありえない、じゃあ、どっちなんだ。また別の見方をしたほうがいいのか」）。第二に、多義性は、神経細胞ヒエラルキーのさまざまな水準でベイズ的に処理されます。有名な〈ミュラー・リヤー〉錯視では、同じ長さの線でも、両端にある四五度の「矢じり」が開いているか閉じているかによって、線の長さが違って見えます。この錯視は、距離知覚を考慮するために必要な通常の「月と六ペンス」の調整から生じます。眼は開いた線が距離を表していると思い込むため、網膜が視覚皮質に〈長い線であるが遠くにあるので、一見すると同じに見えるだけだ〉と「伝える」のです。

高水準の知識とは「確率論的に遊んで probabilistically idle」います。線が実際には同じ長さであると知っていても、低水準の階層で誤ったPEMが発生している場合にはその錯視を打ち破ることはできないのです。ホーヴィ[6]の理解によると、この事態は精神病で苦しんでいる人たちと類似しています。というのも、精神病者の妄想や幻覚は、自分が精神を病んでいることをトップダウンで受け入れても影響を受けないためです。妄想の原因と思しき権化と直接的に会話するように、能動的推論を刺激するような治療手続きを用いてのみ、誤信念は放棄されはじめるのです。[7]

PEMの階層としての性質の一例は、奇跡を取り上げたBBCのラジオ番組で起こりました。ある聖職者がインタビューに応じて、次のように断言しました。「奇跡は起こります。私は薬物中毒者でしたが、いまでは牧師をしています」。奇跡というのは、その定義からして、ほとんど起こりえない事象を指し、通常のトップダウンによる生成モデルには馴染まないものです。ベイズの視座から眺めると、事実、薬物中毒者が牧師になることは非常に少数です。「説明」を見つけること——予測誤差を最小化すること——は、マルコフ・ブランケットの階層を上ないし下に移動することを必要とします。上に進むということで、生成モデルの範囲が拡大され、神学は説明の枠組みを提供します——神の御業が奇跡である。下へ進むと「粒度」が増加し（下記参照せよ）、心理療法は「特定の情況下となれば、薬物中毒者が牧師になることもあるだろう」と示唆するのではないでしょうか——ことによると、同情的な刑務所訪問者に出会ったり、ホステルのベッドの側でギデオンの聖書が目に入ったりすることが特定の情況かもしれません。

精神分析的心理療法は、転移の分析をその変化をもたらす方法の中心に据え、成人期において幼少期の関係モデルが持続している事態および治療関係においてそれが再演されている事態として転移を考えています。レーワルド[8]が詩的に表現しているように、分析が成功を収めれば、繰り返し侵入してくる「幽霊」が「祖先」としての地位を正当に占めることになります。フロイトは、錯覚と同じように、転移による想定に対して単に知的に挑戦してみても通常、効果がない点を理解するようになりました。「実在しない誰かや影像になった誰かを打ち壊すことは誰にもできない」[9]。まさにセラピストが提示する相対的多義性こそが、転移を喚起し、生き生きとさせ、詳細な検討に利用可能とさせるものなのです。ラプランシュ[10]にとり、分析家は「謎めいたシニフィアン……〔つまり〕謎を守護し、転移を誘発する人物」なのです。

セラピストに備わる一部の側面――年齢、性別、声のトーン、雰囲気、資格など――は自明のものです。しかし、これらのような一見して明白で一義的な個人情報でさえ、トップダウン／転移によるモデル構築modellingによって色づけられています。とある患者は、分析を受けはじめて二年目になり、不意に分析家の結婚指輪に気がつきました。「なんてこと、結婚しちゃったんですか？」。事実、指輪はずっとそこにあったにもかかわらず、です。この患者の情動発達は、子どものような独占的依存から別の段階で推移しはじめたのです。つまり、トップダウンのモデルがエディプス的競争と排除を見据え、ともに生き、学ぶことができる段階に動きはじめたのです。

このように一目瞭然の暴露がありながら、寡黙と匿名という技法上のスタンスは、周辺視野が一瞬捉える世界のように、クライエントの前概念を浮き彫りにします。そうすることで、その前概念は詳細な検討や訂正するのに利用可能となります。夢の登場人物の表情や顔つきがぼやけているのと同じように、分析家は患者の生活のなかで顕著な意味を喚起する自分自身のぼやけている側面でのみ応答し、捕まえがたく、器用なままでありつづけます。ある未熟なセラピストがコーヒー・ブレイク中、息も絶え絶えで次のように知らせてきました。「私はようやく転移がリアルであると悟りました。私が会った最初の患者が今日、私のことを忌まわしい魔女だと言ったのです。二番目の患者は美しい天使だと言いました」。多くの分析技法や訓練は、治療目的のためにその多義性を維持し、利用する必要性を中心に据えています（例：患者「**あなたには**子どもがいますか？」分析家：「それは実に興味深い質問ですね――では、何がその質問を促したのか考えてみましょうか？」）。

このように転移を説明するFEPは、美術史家ゴンブリッジ[11]の主張と比較することができるでしょう。つまり、多義性が芸術の働きの中心である、という主張です[12参照]。美術品は身体的ないし情動的な体験を再 - 提示しますが、それでも多数の素材――顔料や筆致、石材、金属、デジタル・パルスなど――から構成されています。それらの素材は、表現されているものとなんの関係もありません。このような芸術の錯覚的性質の意味するところによると、美的体験は芸術家と、気持ちや過去の体験を人工物に投影する鑑賞者の心／脳のあいだで共創造されるのです。

比較可能な事案として心理療法のセッションがありうるでしょう。心理療法のセッションは、関係性に関わる実存の根本――愛、喪失、苦痛、セックス、身体――を取り扱う、強烈に体験的なものであると同時に、五〇分という時間、セラピストという多義的存在、分析空間で生じる気持ちの首尾一貫していない役割によって実生活から分離して枠づけられているという意味で、仮想現実の性質を備えています。

このことからわかるのは、FEPに備わる、重要な別の側面です。すなわち、時間的側面であり、これが欲望とどのように関係しているのかを私たちに教えてくれています。一見すると瞬間的なものかもしれませんが、私たちの知覚内容は時間に縛られています。諸感覚、プライアの刺激、誤差の最小化、ポステリアの修正という一連の流れは、緊張、到達、解決という感情的な連続に置き換えることができるでしょう。第二章の例では、鳥と思しきものが想像の産物に過ぎない点に気づいた際に安堵感が得られていました。まさにそのエネルギーを拘束して報われたというわけです。フェルドマンによる三部構成の皮質下力動的無意識は、アタッチメント・報酬・不安に基づいており、前頭前皮質と中脳PEMの意思疎通が途絶する場合に困難をきたします。PFCによる調節がない不安は報酬を追い出し、アタッチメント力動を刺激し、結果的に探索が抑制されることになります。セラピーは信頼を深めて、サプライズを性急かつ防衛的に締め出すことを思いとどまらせます。多義性／確実性の弁証法を探索することは、満足と報酬をもたらします。「良い」セッションの後は、たとえいくばくかの悲しみや涙が誘い出されていても、セラピストも患者も「悪くはない」と感じ、前進と希望の感覚を伴って立ち現れるものです。

ジョフィリーとコリチェッリ[13]の示唆によると、ネガティヴな情動を体験すると、現在の体験が強調され、保存されているプライアの重みが増すという形で、記憶が再駆動されます。悲しみという文脈では、クライエントは、それとは反対の事態をトップダウンで期待しているにもかかわらず、セラピストから耳を傾けられ、心配されていることを認めはじめるのです。カシュダンとバレット、マックナイト[14]は、このように体験の細密さや「粒度」を高めることで、肯定的なものと否定的なものを選り分けて、敗北から教訓を得ることlearning from experienceへと移行することができる様相を記述しています。

言い換えると、多義性とその解決は本質的に**報われるもの**なのです。ラプランシュ[15]にとって、多義性と謎《エニグマ》は発達プロセスに組み込まれているものです。ラプランシュのモデルでは、乳房――その在と不在――は「性的器官」ですが、純朴な乳幼児にとっては、神秘に覆われています。赤ん坊と関係している母親の愛情に満ちた官能性は、赤ん坊にはまったく理解できないエロティシズムに満ちています。この考えに立脚し、タルジェ[16。17も参照せよ]は次のように示唆しています。つまり、セクシュアリティとは、養育者による正確な感情の映し返しが子どもの自己感を下支えするという知見の例外なのです。性器に関係する探索や原マスターベーションの領域では、親は通常、子どもの探索や発生期にあるセクシュアリティを省察するのではなく、紛らわせらり、避けたり、罰したりします。このせいで謎めいた鏡のような飢餓感が残り、その解決策として、青年期や成人期初期まで性生活が先延ばしにされるようになります。セクシュアリティの領域には、拘束されていない、あるいは謎めいた《エニグマティック》エネルギーが内在する形で蓄えられており、それが「性的転移 erotic transference」として分析の面接室に充満する可能性があります。上手な心理療法の技法によってトップダウン／ボトムアップが切り離されると、このエネルギーを共同メンタライジングに利用可能となり、クライエントは自分のセクシュアリティと欲望の容貌に関する感覚を明確に発展させることができるようになります。

メンタライジング

反エントロピー的な修復システムの一部として、生物的・文化的進化は、トップダウン／

ボトムアップ階層に別の水準を生成しました。[18] これが**メタ認知**、つまり考えることについて考える能力であり、**メンタライズ能力**です。[19] 一般的な脳機能と同じように、メンタライジングは、ヘルムホルツの言葉でいうと、上方および下方ストリーミングと予測誤差最小化の階層における別の水準として考えることができるでしょう。その別水準の階層で脳は自身の思考過程について省察しているのです。さらに低い水準では感覚サンプリング改善によって予測誤差が最小化されるように、メンタライジングは、自身から一歩引いた見方をして、自らの能動的推論手続きを精査する機会を提供してくれます。

フリス[19]の論によると、このようなメタ認知は「私たちモード we-mode」ないし協同的な手続きと特に関係があり、人間の覚醒生活の大部分を占めています。協同が有効であるためには、私たちが他者の観点や動機づけを考慮に入れる必要があり、同様に、自分自身の心理やそれが仲間である協同者に受け入れられる様相を考慮に入れておく必要があります。このことも通常は黙示的なものであるため、意識されることはありません。都会で暮らしていると遭遇する驚くべき事実なのですが、賑やかな道路で歩行者がお互いにぶつかることがほとんどないのです。歩行者は自他の進む方向について無意識的に予測しているため、万事スムースに運ぶのです。しかしながら、これがうまくいかない場合もあります。歩行者Aがぶつからないように左へ進み、歩行者Bも同じように右へ進もうとする場合です。この際、自己にも他者にもその相互作用にも**明示的な**メンタライジングが行われ、しばしばユーモアを交えてお互いに気づきながら、各々が自分の方向へ歩いてゆきます。

同じようにPEMは意識的に気づくことなく進んでゆくことがほとんどです。私たちは、無生物にせよ生物にせよ、自分の**環世界**の対象、過程、動機づけ、意味を当たり前のこととして受け止めています。けれど、時折——あるいは繰り返し——起こる不調和な事態（例：錯覚など）は、対人関係の行き詰まりや衝突と同じように、不可避のものです。これらは通常、「三角測量」——信頼できる他者と誤認を確認すること（「外で物音がしなかった？　それとも夢だったの？」）——を通じて解決されます。

この三角測量は、子どもの発達で中心となるものです。子どもは自らの知覚や概念を養育者と繰り返し確認することで「認識論的信頼」[20]を育むのです。境界性パーソナリティ障害（Borderline Personality Disorder：ＢＰＤ）で苦しんでいる人たちは、「認識的過剰警戒 epistemic hypervigilance」を覗かせます。自分の体験を認めたり認めなかったりする信頼できる他者が近くにいないため、BPDに苦しむ人たちは常に親密さを拒絶する準備状態に入っています。BPDに苦しむ人たちとの心理療法におけるメンタライジング・アプローチの技法[21]は、「一時停止ボタンを押す」として知られる手続きです。この手続きでは、問題が生じた場合、セラピストとクライエントは、「私たちのあいだで何が起こっていたのか」を調べるために、ふたりの相互作用の流れを中断させます。これにより、自動的なトップダウン／ボトムアップの経路がすぐさま中断され、転移による思考や行動が精査できるようになります。

このことをバージャーによる芸術家の仕事についての説明と比較してみましょう。

描くことは見ることであり、経験の構造を調べることである。木の絵は、木ではなく、見られている木を示している……。見られている木は……数分あるいは数時間かかるだけでなく……それ以前の多くの見る経験に関わり、そこから派生し、参照するのだ。[22]

面接室の仕事はこれと共通するところが多いのです。第一に、ある「事象」——たとえば、セラピストの休暇をきっかけにしてクライエントが明示的ないし内潜的に怒りを爆発させた場合——は、時間にして一瞬ですが、長時間にわたって協働して振り返ることにつながるでしょう。第二に、話し合いは「かなり以前の」似通っている対人体験を扱う可能性が高いでしょう。その目標は、ボトムアップとトップダウンの両方の手続きを同定・修正することにあります。感覚サンプリングが強化されるのはどのような事態を指すのでしょうか。それは、たとえば再開の目処が立ちやすい治療上の休暇による中断と、離婚した親から勝手に「捨てられた」幼少期の歴史とのあいだにある違いやそれによって喚起された自動的な思い込みについてクライエントがうまく探りを入れはじめることなのです。この精査が首尾よく進むと、喪失が取り返しのつかないことである点に関して、より現実的なモデルの修正につながる可能性があります。

自由連想

先の「感覚サンプリングの強化」ないし粒度は、バラット[23]が臨床的にも理論的にもフロイト最大の発見であると主張するものの変奏です。すなわち、それは「自由連想」という概念と実践です。フロイト[24]の比喩的描写によると、これは、車窓から外を眺め、さっと通り過ぎる風景をそのままに観察する列車 train の乗客なのです。バラットは、この描写に備わっている準論理的な「同調 entrainment」の側面を疑問視しています。彼からすれば、自由連想は、語りの首尾一貫性という表象的影響を気にすることなく、欲望が自然に湧き出たものをうまく捉えています。自由連想では、思考、内受容的な身体感覚、衝動、イメージが「下から」こころに浮かんできて、観察、のちには話し合いに利用可能なものとなります。トップダウンによる解釈 constructions を一時的に脇に置き、注意深く控えめに耳を傾けるセラピストと患者は、協働で自由に漂う注意と消極的能力の状態に入ります。バラット[25]にとって、この自由連想というプロセスの盛衰は、それによって喚起される特定の抑圧された欲望、あるいは拒絶された欲望、あるいはまだ覚醒していない欲望へのアクセスとはまったく別に、それ自体が実存的に解放的感覚を与えるものなのです。

知的な防衛を駆使する回避型クライエントの場合、自由に連想するように促されることに抵抗するだけでなく、そこから恩恵を受ける可能性も高いのです。共調整によって敏感期が再開されることで、このようなクライエントは、もはや安心感を得るために最小化される必要がないため、その抑圧された気持ちや恐れについて明示的に考えることができます。コアン[26]の研究と同じように、回避された気持ちと連合する破壊的な自由エネルギーの可能性は、セラピストの穏やかな存在感によって緩和されます。逆に言えば、不安なアタッチメント方略を駆使する人たちは、典型的な場合、内受容的な身体感覚が突然に高まる事態に圧倒されると体感します。ここでの自由連想の仕事は、物事の流れを遅くすることで、それらを同定し、合理的なトップダウンの精査を受けることができるようにするところにあります（「夫が旅行に行くたびに生じるひどい胃痛は、必ずしも腸がんであるとは限らないという可能性を考えてみることはできないでしょうか？」）。

自己

生きている有機体はその生存において「自己感」に依存しています。アメーバのような単細胞生物でさえ、栄養物となりうるものや有害な条件の変化量に対して「自分がどこにいるのかを知る」必要があります。私たち人間のような複雑系では、**身体所有の体験**（experience of body ownership：EBO）[27]は人生早期に発展し、推論プロセスから生じます。乳幼児は、自分の手が視野を横切る様子を眺めて、外受容の視覚刺激と固有受容的な内受容刺激を統合し、「これが**自分の手だ**」という感覚を築きます。そのなかでこれらの「時間に固定された」一対一の自己指定的シグナルが統合されます。

「ラバー・ハンド錯覚」[28]では、目に見えるゴム製の手と見えないように隠されている実際の手が同時になでられると、被験者は一時的にゴム製の手を「自分のもの」と体験します。脳は感覚の起源を推測するうえで、推論的なトップダウンによる最上の推測を働かせます――「いったいどうして、誰かが私の見えない手をこっそりなでているのだろうか？」。この場合、誤って意識という劇場にゴム製の手の所有権を錯覚として設定してしまうのです。

さて、このような錯覚は、奇妙なことに確固たるものとして存在しています。皮質レベルではゴム製の手が自分のものでは**ない**と知っていても、被験者はゴム製の手の上にハンマーがまさに打ちつけられそうになると身をすくめてしまいます。

この錯覚は、うつ病で苦しむ人たちに確認される、多くの反証が存在するにもかかわらず自分が無価値であるとする確信、あるいは極度の不安の顕れである離人感や現実喪失感といった感覚と比較することができるでしょう。ここではトップダウン／ボトムアップの切り離しが病理の一端となっています。幼少期に体験した性的虐待や折檻、レイプなど、激しい苦痛や恐れを伴う状況下では「これは自分に起こっていることではない」と感じるような状態に解離することが保護的な防衛反応となります。誤差の最小化を中断することは、自分を愛して守ってくれるはずの人からサディズム的恐れや苦痛を与えられているというトラウマ的で想像を絶する思考を回避することなのです。このように、トップダウン的に自分の身体状態の所有権を手放すことは、短期的に捉えると保護的に働きますが、長期的に捉えると有害な結果をもたらしかねません。行為主体感が損なわれることになるでしょう。極端な場合、自己と他者を正確に区別する能力が破綻します。悪意に満ちた「よそ者自己」がこころに体内化され、その結果として自らの精神的苦悩に責任を覚えるようになります。[17]

デルフォイの神託である「汝、己自身を知れ」は、心理療法の主目標としてよく引用されます。しかし、映し返して、三角測量をするように借り出された脳としての他者を剥奪されると、自己知は、良くても本質的に捉えどころがなくなり、最悪の場合、ナルシシズム的錯覚となります。フリス[29]は、どれほど自己評価が不正確であるのかを示す種々の実験的証拠を引用していますが、それによると「他者との知覚体験を話し合うことを通じて、私たちはより正確に感覚シグナルを検出することができる」（強調追加）。

極度の発達上の逆境から回復することは容易なものではありません。けれど、能動的推論は、**共同で**実行すれば、予測誤差を減少させるための独りの試みに打ち勝ち、それゆえに自由エネルギーとエントロピー的サプライズを最小化するのに役立ちます。セラピストの手助けを得て、クライエントは自らの行為を肯定し、自分に責任がある事柄と犠牲者である事柄とを区別できるようになり、自律感を発展させ、自らの人生をより良くコントロールできるようになります。すなわち、セラピストは、クライエントが被った恐ろしい体験の残響を少なくとも「逆転移的に」体験しなければなりません。目撃するように求められているトラウマに満ちたストーリーは、セラピストの力動的無意識にインパクトを与えます。恐れ、嫌悪、興奮、恐慌といった気持ちを避けることはできません。これらはセラピスト側の行動化（セッションを「忘れる」、遅刻する、超過勤務する、レノン／マッカートニーが述べているような[訳注2]「患者をお持ち帰り」しようとする）を煽り立てかねません。このような一時的な治療上のあやまちは、修復されると、絶対に規則違反したり「道を踏み外し」たりしないセラピストと比べても、より良い治療成果をもたらします。[30] そうであれば、安堵するのではないでしょうか。このように、トップダウンとボトムアップの切り離しと結びつき直しの弁証法が、セラピーの日常のリズムのなかに築き上げられています。

訳注2　これはおそらく、'Sgt. Pepper's Lonely Hearts Club Band'（The Beatles, 1967）のフレーズ「We'd like to take you home with us.」をもじったものであろう。

第六章 ■ FEPとアタッチメント

さて、神経科学から目を移して、より身近な心理学と心理療法の領域に進んでみましょう。フロイトは神経解剖学者としてそのキャリアをスタートさせました。彼は早くも一八九五年には、脳とこころを架橋しようとする試みを放棄し、[1]精神分析を誕生させるとともに、人間の精神《サイケ》を探り出して理解するための**心理学的**方法論とメタ心理学に移行しました。意識と無意識による精神生活というフロイトの基礎的な区別は、現在では「記述的無意識」（ベイズ・アプローチが関与する種類のプロセス）と「力動的無意識」――苦痛に満ちた葛藤体験や破壊衝動に対して特定の気づきが侵食されていること――として装いを新たにしているものの、依然として有用です。

ノルトフ[2]によると、フロイトが脳からこころへ移行した大きな理由は、当時の神経科学では外部からしか脳を記述できなかったのに対してフロイトのプロジェクトが精神《サイケ》を内部から解剖しようとしていたことにあります。脳画像が到来したおかげで、脳の内部で営まれる活動が科学的に接近可能となり、神経精神分析という学問分野までが台頭してきました。[3] たとえば、脳はエネルギーに飢えていること、一見すると休止しているようでも非常に活発に活動していること、ここに伴うデフォルト・モード・ネットワーク（Default Mode Network：DMN）が白昼夢や空想することといった自己中心的状態を支えていることがわかりました。

これらの進歩にもかかわらず、心脳統合には限界が存在します。デネット[4]に失礼ながら、「ハード・プロブレム」は戦わずして諦めるわけにはいきません。[5] 少なくとも体験的に言えば、こころは脳ではなく、心理療法家が関心を寄せているのは前者です。脳と行動の中間域ないし移行域としての心理学は、時代の遺物とはほど遠いのです。私たちに必要なのは、こころが作動する様子——その言語、関係性、動機づけ、欲望、計画、それらを支える構造——に関する理論やモデルであり、それらは科学的に妥当でありつつも体験に近いものです。

ここで、力動心理療法の視座から眺めると、ボウルビィとエインズワースのアタッチメント理論は、人間存在の体験的現実も語るような実証に基づいた心理学として検討に耐えるものです。出生、愛、喜び、愛育、分離、喪失、不安、死別、落ち込み、これらはすべてアタッチメント力動によって形成されています。[6参照] ボウルビィのプロジェクトは、親子の相互作用の体系的観察と、精神的苦痛の起源およびこころが途絶に防衛を働かせる様子に関する精神分析的考え方を組み合わせることでした。本章と次章では、アタッチメントの考え方を、私たちが検討してきたFEPの神経科学の視座と結びつけることを試みてみましょう。[7参照]

アタッチメント理論は、ジョン・ボウルビィが訓練を受けていた精神分析との関わりに苦しんだ末に生まれたものです。とりわけ彼が頭を抱えていたのは二つの側面です。最初の側面は、彼の時代（一九三〇年代～一九六〇年代）の精神分析が心理的な心痛が形成されるうえで、無意識的空想とは対照的に、過去および現在の環境の重要性を軽視する傾向にあったことです。ボウルビィは、児童精神科医としての仕事を通じて、貧困、戦後の混乱、心理社会的トラウマに直面することになりました。サイバネティックスという新しい学問分野に感化され、ボウルビィは心理的生活とその運命についてシステム的で文脈的な立場から考えるように移行しました。ボウルビィ派の視座から眺めると、症状は精神内的なものとしてだけでなく、家族や広い社会という心理社会的環境においても理解される必要があります。親子の相互作用という些細な事柄が精神病理の温床となり、心理社会的トラウマ――死、離婚、分離、虐待、ネグレクト――がこころの発達に消せない痕跡を残します。

ボウルビィの次なる懸念は、分析家を「知っている人」と捉えて、無意識や隠された意味を解釈することが治療成分となると主張する傾向に向けられていました。このような傾向とは対照的に、ボウルビィの理解では、セラピストの主たる役割は**安心基地**――患者の心痛に焦点が当たり、声が与えられ、調整されて、省察を受けるような設定であり、新しい意味が自然発生的に生じ、共構成されはじめるような設定を指す――を提供することでした。

臨床作業を裏打ちするような説得力あるアカデミックな知性でもって、ボウルビィは精神分析をさらに確固たる科学的基盤で確立する方途を望んでいました。[8] 彼は動物行動学に引き寄せられ、その先駆者であるコンラート・ローレンツ、ニコラース・ティンバーゲン、ロバート・ハインドが進化論的枠組みを活用して野生動物の交尾行動や育児行動を理論化していました。ボウルビィは、このような体系的な「自然」観察が人間の親とその子どもが示す日常行動を記述・理解するうえで有益であると悟ったのです。彼の望みは、このような観察によって、それまでの観察による精神分析理論の基盤を形成してきた面接室での現象にのみ焦点を当てたものが補完されることでした。

アタッチメント理論の共同創始者であるメアリー・エインズワースは、ボウルビィの考え方を観察・実験の実践に移しました。彼女が考案した「ストレンジ・シチュエーション手続き」(Strange Situation Procedure：SSP)という標準法は、親と一歳児のアタッチメント力動を研究する手段です。三分間の分離の脅威に直面すると、親子という一対は少数の認識可能なアタッチメントのコミュニケーション・行動パターン——安定型(「B」)、不安定回避型(「A」)、不安定抵抗型(「C」)——に分類される点にエインズワースらが気づいたのです。FEPの視座から眺めると、これらは親‐乳児の相互作用の複雑な力動を安定させる「アトラクター」として考えることができます。重要な知見としては、これらのパターンが母子関係と父子関係に特有なものであり、それゆえに気質ないしパーソナリティの変数とは相対的に独立している点にあります。

FEPの視座から眺めると、**不安定型アタッチメントは能動的推論を損なうために精神疾**

患の脆弱性要因なのです。[6] 外的ないし内的安心基地がないと、物理的・心理的探索が抑制されてしまいます。この事態は、環境の感覚サンプリングの程度と範囲も、それらを説明するために利用可能なプライアや仮説の多様性も制限します。既存のプライアを「裏切ること」（つまり創造的破壊）と新しいプライアを「立てること」（創造的構成）の両方が抑制されてしまいます。[9]

不安ないし「過活性型」アタッチメントの場合、行為主体が欠如ないし損壊されがちです。この性状に苦しむ人たちは、周りの環境を活発に探ったり変えたりするよりもむしろ、喪失や衝突やトラウマに直面しても受動的でありつづけます。[10] この状態は「学習性無力感」[11] としてつとに知られています。この点で、その自己は修正されていない感情で満たされています。構造学習の観点からは、**無力感**（エネルギーは拘束されていますが、麻痺しています）——「何をしても変わらないよ」——のみをプライアとして掲げているために、患者は自分自身を見出す環境において生産的に生きる方途を見つけることが妨げられ、オルタナティヴな仮説の検証（「やってみれると、意外とそんなに悪いことにはならないかもしれない」）が抑制されてしまいます。

対照的に、抑圧とは、古典的な精神分析の意味によると、脱活性型ないし軽視型のアタッチメントの特徴です。これはニッチ特有の安心をもたらしますが、他方で予期せぬトラウマや対人不和に対して個人を脆弱なものとし、「毒性ストレス」[12]を媒介にしてHPA軸の慢性的な活性化などの健康破壊的な生理変化[13]の引き金を引くことにもなります。ネガティヴな感情――恐れ、悲しみ、精神的苦痛――の機能のひとつは、予測誤差のシグナルとして働きます。そのような気持ちを意識的に気づく範囲を超えて――メンタライジングを超えて――置くと、さらに適応的な構造的プライアの学習が妨げらてしまいます。

無秩序型アタッチメント（「D」）は、後年の精神病理、とりわけ境界性パーソナリティ障害（BPD）[14]の証明済みの前兆であり、幼少期のネグレクトや虐待歴と関連しています。メンタライジングが欠如していたり摩耗していたりするような環境で育まれると、こうした子どもは危険に晒されることになります。そのような自らの「一触即発の hair-trigger」覚醒によって、子どもは逃走／闘争モードに陥り、中脳感情の皮質調節が解離します。BPDで苦しむ人たちは、概して、認識論的不信や認識的過剰警戒を示し[15]、結果的に、体験から学ぶことや安定した探索が損なわれてしまいます。「ナチュラル・ペダゴジー」[16]――親から子へ文化が伝達されること――は疑問符が付けられています。協働的でメンタライズ的なデュエット・フォー・ワンを確立することが問題となります。というのも、このような人たちのトップダウンの語りは、自分を助けてくれたかもしれない〈借り出された脳〉を所有する養育者がPEMの必要性《ニード》を刺激する脅威やネグレクトのまさに根源であるというものであるためです。唯我論の世界に身を宿すと、故意に自分の健康を害する行為、薬物乱用、危険が伴うセックスが自己をなだめる最後の手段となります。これらは、ホプキンス[17]による精度／複雑性トレードオフの観点から理解可能です。対人関係上の危険と連合する感覚刺激に直面して、その精度を高めるためには、付き添いの安心基地 hand-holding secure base が必要となります。それがないと、単純化された黒／白のトップダウン・モデルが猛威を振るうことになります。

不安定型アタッチメントの三つのパターンすべてにおいて、安心感を得るために、適切な複雑性が犠牲となっています。フロイト[18]によると、「神経症者［原文ママ］は現実から目を背けている」。FEPの視座から眺めると、この事態は、どのような代償を払ってでも自由エネルギーを最小化しようとする試みとして理解可能です。世界をめぐって凝り固まった信念を、体験に照らして更新するのではなく、むしろしがみつきつづけているのです。事前信念《プライア》念に精度が与えられれば与えられるほど——それは不確かなものかもしれませんが——、生成モデルを更新するために新しい体験を求める可能性が下がります。一定の消極的能力、すなわち創造的な無知、そしてそれゆえに探索と革新が必要とされることは自由エネルギーの公式、および確率的なベイズ宇宙と切り離せません。クライン派の妄想‐分裂ポジションは、不安定なアタッチメント、複雑性減少、二者択一 either/or、良い／悪いトップダウン生成モデルを例示しています。アタッチメントの安定性は、さらに複雑で、微妙な違いを帯びた近似値を世界の認識論的アフォーダンスに提供する抑うつポジションの世界観に等しいでしょう。

第七章 ■ 治療的会話

「君と話すときは言葉を使わなければならない」。T・S・エリオット[1]のスウィーニーは言います。能動的推論は、ダイナミックな内的会話と考えることができるでしょう。そこでは、外受容感覚と内受容感覚が絶えず生成モデルによって問いかけられており、その一方で、世界をめぐる私たちのモデルが現時点での体験に照らして繰り返し更新されてもいます。

この内的会話とそれを体現する「声」は、〈究極、心理療法での出会いのエッセンスは**会話と対話**である〉という考えと結びついています。このような表現を使うことで、参加者が用いる言葉だけではなく、人びとが身振り・姿勢・声の調子を通してお互いに関わり合う非言語的相互作用と原会話（沈黙がコミュニケーションを意味するという逆説を含む）も対象としています。

テニス・プレーヤーのジョン・マッケンローが審判に放った有名な挑発を取り上げてみましょう。「イン」と確信したボールが「アウト」と判定されたことに対して「お前本気かよ」と言ったのです。〈ホークアイ〉〔審判補助システム〕が導入される以前、FEPに裏打ちされた審判であればこう言い返すでしょう。

「あのボールがライン上にあったのか、それともラインから外れていたのか、私とあなたのどちらも絶対的な確信をもてないでしょう。知覚や認識はそもそも誤りやすいものです。テニスのボールは、神経伝達速度よりも速く飛んでいます。あなたの誤差を最小化する手続きは、試合に勝ちたいという欲望の内受容的なシグナルに基づいています。あなたの激怒はその欲望の行動化、すなわち拘束されていないエネルギーの現れなのですよ。他方、私はこの試合の勝敗になんの利害関係もありません。私の誤差を最小化する手続きは、扁桃体が起こす失敗恐怖や、ドーパミン作動性報酬の望みによって煽られることもありません。テニスのルールでは、このようにどうしようもなく曖昧な情況となれば、あなたには私の脳を借りることが必要となります。それで、私が最終的に下した判断はこうです——ボールはアウトだった！」

会話conversationという言葉自体、そこには一体感（「和con」）と向かい合わせ（「会versus」）の両方が含意され、心理療法というプロジェクトのエッセンスを指し示しています。すなわち、受容——および挑戦、です。「会話」という言葉の語源には、（a）家庭home、（b）性的交わりsexual intercourseという着想が含まれています。いずれも心理療法の作業に関わっています。セラピストは「ホーム」——アタッチメントの用語で言うところの安心基地や抱える環境——を提供する形で、人が自分の深層にある素質を探索して改訂するために必要な注意と安全感を提供しているのです。「セクシュアリティ」をメタファーとして捉えると、それは間主観性、相互性、相補性、身体精神的興奮の覚醒を表しており、さらに複雑な心的構造を生成するためにはセラピーが必要となるに違いありません。

セックスが会話であり、会話がセックスの一形式であるとすれば、アタッチメントもまた然りでしょう。SSPを受ける子どもの大半が前言語的段階にいますが、親が一歳児を見知らぬ部屋で三分間ひとりぼっちにしたことがきっかけで発生するエインズワースのアタッチメント・パターン原型は、「危険」という主題で共構成された「会話」に翻訳可能です。

「助けて、ママ／パパ、どこ？　怖いよ。お願い、戻ってきて。いま、すぐに」

「大丈夫、おまえ、ここにいるよ。ぎゅーっと抱き締めよう。かわいそうに、私がいないと思ったのかい？　トイレに行っていただけだよ。さぁ、もう大丈夫。ママ／パパはここにいるよ。すっかり温かくて、安全で、バッチリさ。ねぇ、ほら、おかしなテディベアがいるよ」

［**安定型**］

あるいは

「ほら、戻ってきたよ。さっきの騒ぎは何だ？　静かにしろ。ほら、涙を拭け。さぁ、ジグソーパズルを一緒に組み立てようか」［**回避型**］

あるいは

「あぁ、泣かないで、やれやれ、私も、ここにいる良い人たちも、みんなオロオロしちゃうよ。困らせようとしているのかな、私はその騒々しさには耐えられそうにない――わかっていると思うけど、頭が痛くなる。それに、いま電話をかけないといけない。だからその雑音を止めろ」［**不安型／無秩序型**］

トマセロは、このような前言語的な生物行動学的相互作用を「原会話」と呼びました。これは早期乳児期に始まり、私たちが霊長類から遺伝として受け継いだ構成要素から構築されつつも、多くの点で人間に特有のものとされています。第一に、その文脈には私たちの種族固有の協働子育て collaborative child-rearing（「子どもを育てるために村がある」）という、高密度人口の環境があります。第二に、原会話は**共同注意**次第であり、養育者と子どもが一緒に関心がある対象や状況――すなわち、アフォーダンス――に注意を向ける（「ママ、あの変な動物は何?」）指差し反射 pointing reflex に始まります。SSPでは、子どもの心痛それ自体と、それに対して何が必要となるのかに注意の焦点が向かいます。

第三に、養育者の立場からすると（自我 ego ではなくて）「自‐我々 We-go」という視座が存在します。この視座では、養育者が向こうの立場になってみるべく乳児の靴（を着用しているかもしれないし、まだしていないかもしれないが！）を履いてみることで、交互性を創造し、帰属意識や「私たち性 us-ness」をもたらします。これらはすべて、乳幼児が自分の感情状態を測定し、明確化し、調節するためのプライアの貯蔵庫として利用される、借り出される脳の特徴です。

第四に、乳児が「提案」（「助けて」）して、親が応答（「かわいそうに！　これでちょっとは良くなった？」）するように、会話の**話者交替**が基本として存在します。最後に、会話の大半が非言語的で身振りを交えた生理的なものですが（アタッチメント力動が静まると、ストレスに関わる乳児の心拍数と親のＨＰＡ軸はベースラインに戻ります）、親は概して何が起こっているのかを乳児に伝えているために（「ほら、ママが戻ってきたよ」など）、その手続き全体に**言語**が伴われています。ＳＳＰの子どもは、言語的宇宙のとば口に立っています。親の言語は、協働文化が共創造される共有媒介となり、共同注意の方略を強化します。

ＳＳＰという原会話をこのように話し言葉へ翻訳する試みから、「成人アタッチメント面接」（Adult Attachment Interview：ＡＡＩ）で測定される成人のアタッチメント力動が導かれます。ＡＡＩは、本来、メアリー・メインとその共同研究者たちがＳＳＰで研究されていた子どもと並行して、親側のアタッチメント体験を表すために考案した手法でした。ＡＡＩは、インタビューを受ける人が自身の養育歴を振り返る際の、その**言語スタイル**を測定しています。この初期のＡＡＩ研究が基づく仮説によると、親自身のアタッチメント歴が子どもに対する対応法に影響を与え、アタッチメント・パターンの世代間伝達の経路を開きます。

メアリー・メインは心理学の研究者になる前に哲学を学んでおり、バークレーに拠点を置く英国哲学者であるポール・グライスに感化されていました。[2] ＡＡＩ自体は、メインが結びつける前に開発されていたものの、彼女の言語スタイルのカテゴリーが効果的コミュニケーションに関するグライスの「格率」と類似している点が後年気づかれました。その格率とは、**明確性、関連性、適切な質、十分な量**です。

ＡＡＩは、両親、早期の分離、重大な喪失、トラウマに関して決まった回答のないオープンな質問に対する個人の言語的回答のコーディングに基づいて分類されます。ＡＡＩは、回答者の発話内容ではなく、その語り方や構造に注目している点が独創的です。その目的は、痛みに満ちたトラウマ的体験が思い浮かぶことで個人の基本となるアタッチメント傾向が活性化するというアイデアに基づき、単なる事実よりも深い水準の精神機能を喚起することにあります。単純化すると、安定型の個人の言語スタイルはグライスの格率に適合し、各種不安定型はそれと適合しないということになります。その結果として出来上がったカテゴリー──安定‐自律型、軽視型、巻き込まれ型／とらわれ型、未解決型──は、SSPの分類と類似しています。このように、AAIの会話は、乳児期や早期幼児期の原会話へ「逆翻訳」されているのです。

安定した語りで重要な特徴はその「新鮮さ freshness」です。メインによると、この特徴は、安定型の子どもが遊んでいたかと思うと保証を受け取って、また遊びに戻り、自分が置かれている安心感と興味というさまざまな座標間を一見して円滑に移動する流動性と自由と関連しています。バラット[3]は「反復強迫性」と精神分析の自由連想という語らいに備わる「生命性」を対比させ、欲望が言語活動へと噴出する様子を捉えています。心理療法を眺めるFEPの視座も同様に、これまで無視されてきた、あるいは抑圧されてきた、あるいは上書きされてきた知覚物や内受容物の詳細および感情的影響が重要であると強調します。その後、これらの知覚物や内受容物を包含する新しい生成モデルを見つけ出して築き上げることが課題として現れます。

ところが、予測誤差の最小化は完璧でも正確無比でもありません。自由エネルギーの源泉は絶えず溢れ出ています。借り出された脳（セラピストのものも含め）があれば、これが創造性を刺激し、新しい解決策を模索するように駆り立てるでしょう。エネルギーの最小化が有効ではない場合、孤立状態や認識論的過剰警戒のように、エントロピー的混沌を防ぐべく、単純化された硬直モデルが採択されて、それとともに精神疾患に脆弱となります。

SSPとAAIで共有された想定によると、どちらもその手続きそれ自体がアタッチメント力動を活性化し、それゆえにその結果として生じる行動――SSPでは近接希求、AAIでは言語スタイル――は、個人がストレスと脅威に反応する様子を現実として in vivo 例証しています。しかしながら、個人の心理療法セッションの逐語分析に基づくと、この想定には近年疑問が投げかけられています。[4,5,6] 彼らの分析はある洞察から生じています。つまり、会話は単なる情報のやり取りではなく、相互に連結した「言語行為 speech act」[7] から成り立っているという洞察です。この言語行為というなかで、参加者はうまくいく程度に差こそあれ、対話の相手に影響を及ぼし、統制をもたらし、語らいで支配的なパターンを形成し、情動的近接性や距離を達成しようとします。

タリアらは、特定のアタッチメントのカテゴリーが心理療法セッションにおけるクライエントの喋り方および対話のやり過ごし方を予測する点を発見しています。[4] 安定‐自律型のクライエントの話は、よく気の利いた話者交替を特徴とし、相互に生成された新しい定式化と困難に対する解決策を導きます。対照的に、軽視型の人の対話は、新しい視座に抵抗し、新生しつつある情動や再構築のもがきを過小評価したり、取り消したりする特徴があります。不安型アタッチメントを示すクライエントは、セラピストが交互的な対話を見つけ出して関与して始動させることが難しいと感じる、混乱したモノローグを繰り返しがちです。

真のセラピーの行程は決して平坦ではありません。助けを求めてくる大多数の患者は、さまざまな形をとる不安定なアタッチメントを示すでしょう。FEPの視座から眺めると、不安定型の対話スタイルが反映しているのは、ささやかな安心感のニードのために探索と革新が制限されるようなトップダウン方略なのです。治療スキルは、このような不安定型の対話パターンがもたらす行き詰まりを会話の焦点へと転換させられるかどうかにかかっています。セラピストはクライエントに対して、両者のあいだの出来事を「メンタライズする」ように強く求めます。

「私の感じているところなのですが、あなたはこのセラピーにそこまで感心していないようですね。もしかすると、私が古いシンリガク用語を口にしているだけだと思われているのではないでしょうか。あなたがどれほど必死で命綱を求めているのか、恐ろしい出来事すべてに対してなにかできることを提案してくれる誰かを求めているのか、まったく理解していない。そう思われているのではないでしょうか」

「私たちの会話は一歩進むとすぐに戻ってしまう傾向がある点にお気づきでしょうか。あなたは子どもの時分、ママが働いているあいだひとりぼっちにされてどれだけ怖かったのかを話し出したのに、すぐにママを大目に見てやりました。「おい！　何百人もの鍵っ子がいるんだから、そんなに騒ぐことはないだろう？」と」

「時折、なのですが、セッションとセッションの合間だけでなく、このように話しているときでさえ、私があなたのことをこころで思っているとはなかなかご想像いただけないようですね。まるで、ずっと注目を引きつけておかないと、私がほかのことを考え出すとでもお思いであるかのようです。さながら、あなたのご両親が薬物漬けの意識朦朧状態のためにあなたたち子どものことをほとんど気にも留めていなかったかのように」

ＡＡＩは何を測定しているのか？

メインの想定とは対照的に、タリアのグループの知見によると、**たとえそれが脅威を表象しなくとも、**それゆえにアタッチメント力動を活性化する可能性が低いとしても、**言語行為分析があらゆる会話の話題にあてはまります。**しかし、ＡＡＩが個人のアタッチメントの素質を測定していないのだとすれば、そのような心理的現象が活用されているのでしょうか？

この点を議論するためには、タリアとタウブナー、ミラー＝ボトメイ[6]の示唆にあるように、ボウルビィ――およびグライスの後継者ウィルソンとスペルベル[8]を一瞥しつつ――に立ち返らなければなりません。

ボウルビィの思考は、二つの自ら課した制限によって形成されました。そのどちらの制限も、現在、疑問が投げかけられています。第一に、ボウルビィが絶対に離れることがなかった着想があります。すなわち、私たちのアタッチメント生活は、私たちの祖先が出現した「進化適応環境」(Environment of Evolutionary Adaptedness：ＥＥＡ)という観点から理解されるべきであり、**捕食されることからの保護**がアタッチメント力動の進化を導く原動力であるという着想です。現代の子育て環境が比較的安全——過剰な安全とも言えるでしょうか——である点を考慮すると、この着想は全体の一部にしか過ぎません。脅威に対する反応と並び、「アタッチメント」は現在、ほかの対人発達プロセス、とりわけ認識論的信頼を下支えする感情の共調整およびペアレント・ペダゴジーを包含していると考えられています。[9] これが妥当であるとすれば、物差しとしてのＡＡＩは面接を受ける人の基本となる対人素質、特に親密な他者が信頼できることに関する推定と、気持ちの共調整を手助けする能力を引き出していることになります。

ＦＥＰの視座から眺めると、ＡＡＩはその人が他者の脳を借りる準備が整っている点を示唆しており、その準備があることで、養育者のトップダウンのプライアの助けを借り、苦痛と不確実性がマネジメント可能となるのです。不安定型アタッチメントには、至適ではない協働に対する適応方法が反映されています。相手が統制的ないし侵入的に感じられると、拒絶的なスタイルが当人の会話パターンを典型化することがあるでしょう。対話を情報交換ではなく、相互作用的な**言語行為**として理解することで、気持ちをマネジメントするために言語が用いられる様子――対話者を引きつける、遠ざける、拒むなど――が明らかとなります。

ボウルビィの第二の原則によると、発達的逆境の影響を研究する場合は、客観的に観察可能な事象（親の死・病気・離婚など）、あるいは具体的に明言された脅しに限定すべきなのです。彼は、発達過程のエピソード的側面よりも手続き的側面（たとえば、親から受ける不適切な取り扱い、ネグレクト、家族環境全体）の重要性を十分に理解していましたが、これらの測定があまりにも困難であり、それを試みようものなら、特に彼と敵対していた精神分析コミュニティに自説の弱点を示すことになると考えていました。すなわち、発達心理学の無意識的側面は、明示的で外的に観察可能な側面とは対照的に、アタッチメント理論が発展するなかで軽視されてきたのです。[2] AAIを脅しの観点から理解することは、この点と符合し、ボウルビィの見解に対してメインが忠実であったことを反映しています。このように自らに課した制限を越えれば、いまや、私たちはある人の会話スタイルが、他者と関わる際に当人の内的世界の輪郭を明らかにし、隠してもしまうことを理解できるようになるでしょう。

関連性の関連性

ここで「グライスの格率」の最新版である「関連性理論[8]」に行き着きます。関連性理論はいくつかの着想に基づいています。第一に、コミュニケーションは**直示的なものである**と主張されます。つまり、あらゆる可能性がある刺激のなかから、コミュニケーションは対話者(たち)にとって重要性や関心や関連性がある——アフォーダンスを提供する——ものを**指し示す**、と言われます。第二に、コミュニケーションは常に**文脈的**です。すなわち、参加者が置かれている状況から生じるものです。誰かが「バンクに行ってくるよ」と言う場面を想像してみましょう。相手が釣り竿を抱えているのか、財布を持っているのかで、どの種類の「バンク〔銀行/土手〕」が指されているのかがすぐにわかります。第三に、コミュニケーションは**迅速かつ質素**であり、そこでは話し手も聞き手も最小限の労力で言語的やり取りができます。つまり、ベイズ的な聞き手が、曖昧で不正確なことも多い会話表現自体（「あぁー……言いたいことわかるでしょ……」など）と同じように、メッセージの意味合いからその意味しそうなことを**予測する**という意味で、聴くことは主として「推論的」――FEPの用語で言えば「能動的推論的」――なのです。

関連性理論は、多くの点で心理療法に応用可能です。第一に、直示的コミュニケーションは**共同注意**の着想に立ち返らせてくれます。そうすることで、クライエントとセラピストが相互に焦点を当てるトピックを指し示してくれます。最初は、クライエントが助けを求めるきっかけとなった「主訴」、あるいはセラピーが進んでゆくと現れる、クライエントを予期せず圧倒する未調節な感情や、セラピストとクライエントのあいだで生じる相互作用パターンです。セラピストの役割は、クライエントの逸脱や動転に時折付き合いながら目を離さず、「サブジェクト〔主題／主体／主語〕」へ集中しつづけることを助けるところにあります。

文脈という考えも精神分析的心理療法と大きく関連しています。面接室での会話の話題は――その恣意的、あるいは字義どおりの、あるいは因習的な参照を越えて――概して、治療関係そのものに間接的な形で言及していると考えられています。それゆえ、一般に認められている治療上の比喩的用法があります。つまり、たとえば、クライエントが政治家が信用ならないと話すとすれば、そこには間接的な形で来たる休暇と、そのせいでセラピストに寄せていた信頼感が影響を受けている点が言及されているのかもしれません。

この文脈的側面は、クライエントの精神生活で意図されない側面、あるいは無意識の側面、あるいは統合されていない側面を考える際に肝心要《かんじんかなめ》となります。セラピストのトップダウンの体験・語りの包み・イメージの貯蔵庫は、会話のトピックの心的関連性を発見するために引き出されます。最高水準の生成モデルはそもそもが多価的です。同等に、フロイトの「転轍語 switch words」[10,11]は、意識の主題と無意識の主題が一致し、意味が多くの方向へ分岐する言語的結節点です。言語に備わる多義主義 polysematism に敏感であるため、セラピストは、クライエントの発話に埋め込まれた〈顕著性が自明な主題〉に絶えず目配りをしているのです。

私たちの例に戻りましょう。クライエントが「銀行 bank に行かないといけなかったけど、行列 queue ができていた」と、少し遅刻したことを謝るとしましょう。セラピストはこの「手がかり cue」を拾って、次のように示唆することがあるでしょう。ひょっとすると、あなたは、特に休日の不在のあいだ、私のサポートを「頼るbank」ことができなかったので不安だったのかもしれない、と。ここでのＦＥＰとの重なりは何でしょうか。それは、推論の誤差を最小化する階層が高次になればなるほど、プライアがより一般的で非特異で多重文脈的になるという点です。「銀行」や行列／手がかりという言葉は、（意識的・無意識的な）さまざまな文脈に応用可能です。心理療法家の課題は、クライエントの発言に対して、対人的で（しばしば無意識的で）撃退された文脈上の関連性を発見することです。

ここで、ＡＡＩとそれが示す四つの原型的会話パターン、およびこれらと心理療法との関連性に話題を移しましょう。これらはすべて「ナチュラル・ペダゴジー」、そして個人の発達歴のなかで優勢な種々の認識論的信頼や不信[12]の観点から理解できます。安定して流動的／自律的スタイルは、セラピストがクライエントと生成したいと望むだろう会話の種類を特徴づけており、グライスの格率や関連性理論の格率を満たしています。これは、クライエントが自分の内外の世界にセラピストが揺れることなく専念して注意を向けられていると感じ、意識的・無意識的に多重な文脈が作用しているというなかで、相互に同定された話題が共同注意を向けられている事態という意味です。「迅速かつ質素」という側面は、たびたび楽しくなるようなくつろいだ相互理解の感覚を捉えています。この感覚は「言葉を越えて」体感され、そこでクライエントは「理解されている」と感じますが、同時にこの推論的理解は絶えず誤差と訂正の対象となっています。

対照的に、AAIにおける不安定型パターンは三つのタイプに分類されます。軽視型、巻き込まれ型、支離滅裂型です。軽視型の話し方は変化とその結末を恐れるため、ちらっとしか話されずに発言の撤回を示し、詳細に語ることや探索することに抵抗します。

「昨日は仕事でひどい時間を過ごしました……けど、それが普通ってもんでしょう。誰にでも悪い日というものはあるのですから」

「ええ、学校でよくいじめられていましたよ、でも、だから何だっていうんですか、いまでは過去の話ですよ……」

巻き込まれ型の話し方は、文脈化を妨げ、聞き手は過去と現在が混乱した複雑な迷路に引き込まれます。セラピストと患者が同じ瞬間、同じ会話の場で一緒になれるような共同注意のポイントを見つけ出すのが難しくなります。

「母親はそこここにいましたよ……いまでもそうです……私は子どものころ、怖かった。どうすればいいかわからなかった……会いに行かないと行けないんですが……ほら……彼女、電話に出ないでしょ……もうお手上げ……でも、最近は誰かが出てくれる……携帯ばっかりだけど……」

無秩序型／支離滅裂型の話し方では、語りの一貫性や流れが突然崩れてしまい、聞き手が置き去りにされることが多く、逆転移に基づいて溝を埋めるしか術《すべ》がなくなりますが、それ以上追求すると無傷では済まないと感じさせます。

「今日ここに来る途中、道路で轢かれている犬を見かけました……それで遅刻を……。戦争は恐ろしいですね……あの、薬に手を出してしまいました……」

このような防衛パターンから、さらに安定して有益な話し方へとクライエントを導く手助けは、心理療法で中心となる仕事であり、心理療法の能力《コンピテンス》を構成するものです。最終章では、FEPが実践を裏打ちし、心理療法というプロジェクトのための全体的な科学的枠組みを提供しうる様子、その含意について考えてみましょう。

第八章■心理療法の実践的含意

惑星は太陽の周辺を回転し、リンゴはニュートンの重力の法則の許可なく木から落ちます。こころは、その動きを形成する脳機構に無頓着で、幸にも不幸にも、愛したり憎んだり、一緒になったり離れたりしつづけています。別の言い方をしましょう。このFEPという仕事のどれが重要なのでしょうか？　仕事を営む心理療法家にとって、FEPという枠組みは、モリエールの紳士が自分は生涯「散文」を語っていた点を発見する以上のものがあるのでしょうか？　この最終章の焦点は、新しい神経生物学が（それの重要性の如何にかかわらず）日常業務に携わる心理療法家にどのような種類の違いをもたらすのかを検討することにあります。

「素朴で古い療法」1参照

脳のヘルムホルツ・モデルでは、入れ子状の一連のマルコフ・ブランケットが描かれており、意識に向かって上昇するにつれて一般性と抽象性が増加します。内外の感覚中枢とトップモデルのあいだでは、あらゆる水準の「会話」が存在しています。これらの会話の原動力は、誤差最小化のニードです――世界およびそのアフォーダンスに関して内外から入ってくる情報と生成モデルを絶えず一致させようと試みています。

さまざまな点で心理療法は、種々の装いを伴ってこのようなプロセスに関与しています。自由連想は、ボトムアップの体験「粒度granulavity」に焦点を当てて増幅させることによって、内外の世界に関する誤差を減少させます。自由連想は、自分自身や、自分にとって親密な他者、そしてそのような他者との相互作用によりよく適応する方途を見出すために必要となる精度を向上させます。予測誤差の最小化（ＰＥＭ）プロセスの向こう側では、セラピストから借り出された脳から、自己とその関係性をめぐる広範な語り――「解釈」――が提供され、この拡張レパートリーの助けを借りて再び誤差が最小化されます。患者とセラピストの情動的関与は転移のなかで顕れます。すなわち、誤差が行動化されうるものであり、実際に行動化され、ワーク・スルーされうるし、実際にワーク・スルーされますし、生き抜《リブ・スルー》かれる可能性があり、実際に生き抜かれることになります。その結果、現実にin vivo「最小化」されますが、それは比較的無害に実行されることになります。メンタライジング、すなわち考えることについて考えることは、誤差を最小化するための自動的で時代錯誤で複雑なプロセスにブレーキをかけ、ボトムアップの感覚とトップダウンのモデルの両方の精査、補強、改善を可能にします。さて、これまでの章で見渡してきた主題のいくつかを再確認してみましょう。

行為と行為主体

行為は感覚サンプリングの精度向上、ひいては予測誤差の最小化のための主要手段です。

そのいくぶん抽象的な言述が認知行動療法（Cognitive Behavioural Therapy：CBT）の理論的根拠の多くの基礎を形作っています。うつ病で苦しむ患者は感情世界を支配する認知誤差に囚われていると概念化されています。「みんな、私のことが嫌いなんだ」「自分なんて役立たずだ」などです。このように自己永続する（たとえ偽って最節約されているとしても）一般化は自由エネルギーを拘束するだけでなく、行為主体も損ないます。受動的な無力感が行き渡り、自己永続的な抑うつ的自動否定が撒き散らかれます。CBTは、これらの否定的見解を「仮説」として捉えてみて、「実験」を通じて積極的に検証する必要がある点をクライエントに促します。それゆえに、セラピストとして付き添う援助の手を借りて行為が促進され、感覚精度が向上し、予測誤差は減少します。首尾よく進めば、体験に照らして抑うつ的なプライアが修正されはじめます。こんな具合です。「自分が思っていたほど私は出来損ないではないのかもしれません」

精神分析セラピーでは「行為」の役割が判然としていません。けれど、心理的な困難に際して助けを求めるという行いそれ自体が一定の行為主体を意味しています。さらに、治療設定において「悲しみを声に出させる」プロセスは、言語行為という観点から捉えると、行為主体を向上させます。セラピストは、クライエントが自分のまとまらない気持ちを現実のものとする言葉を見つけ出すように手助けする形で、バーナードの表現を借りると、自由な人生の条件である誤差最小化を援助しています。ネガティヴな感情を表現することは、内受容の細部に向ける注意が向上する事態を伴い、機能不全なプライアを改定する点にとりわけ貢献します。

行為が入力を修正することで、私たちが置かれている世界とその世界のモデルとのあいだの乖離は対立を少なくしてゆきます。類は友を呼ぶように、私たちは、投影同一化を介して、親しい人たちが私たちの過度に単純化された期待を強化してくれるように仕向けているのかもしれません。このことは誤差を最小化して自由エネルギーを拘束し、それゆえ短期的に見ると適応的であるけれども、有益なモデル修正と複雑性向上を妨げもします。心理療法につきものである「切り離し」／仮想現実の性質は、クライエントが自らに気づくのを援助する点を目的としています。つまり、クライエントが無意識のうちに、（概してセラピストをめぐる転移的想定を通じて）病理発生源となる既存の世界のモデルに自分の環境を捻じ曲げようとしている点に気づくように手助けするのです。セラピーはこの事柄に取り組むことで、

PEMから隔離されてモデル修正にアクセスできない過去を繰り返すことを強いるのではなく、クライエントがより自由に行為できるようにします。

デュエット・フォー・ワン

生物行動学的同期性がそれ自体埋め込まれるにつれて、クライエントは、自分の手が隠喩的に握られていること、およびエネルギー拘束を一時的にセラピストに委ねることができるとわかり、以前よりも大胆になってゆきます。このような「デュエット・フォー・ワン」の瞬間（最初は刹那的に）、セラピストとクライエントは共同で歌います。その歌は、それぞれの参加者のものでありながらもどちらのものでもありません。古典的な分析情勢において顔と顔を合わせる接触がないことは、この点を促進することがあるでしょう。うつ伏せのクライエントは、束の間、分析家を自分自身の一部とみなすことができ、分析家の専門的なエネルギー拘束のスキルに頼ることができるため、代替となる声、シナリオ、未来を想像することがより安全に感じられるようになります。

有能なセラピストは柔軟で敏感で応答的です。そのようなセラピストは、クライエントの内的生活の一瞬一瞬の実在に同調すると同時に、全体的なこころのモデルとその心痛を軽減しうる可能性を網羅しています。[2] 多くの治療的会話には、この「デュエット・フォー・ワン」の性質があり、セラピストはクライエントの言語的で心理社会的宇宙に細やかに注意を払い、それを活用することで不安定な綜合を維持しています。フリストンとフリスによるモデルを採用すると、聞き手と話し手の脳／心が重なり、一時的な「集団心理《グループ・マインド》」が生まれます。[3] 思考と感覚は、さしあたり、共同で所有されることになります。患者の自由連想とセラピストの逆転移感情は、内受容的入力を闘技場に持ち込みます。これらがセラピストのこころのなかで刺激するトップダウンのモデルは、誤差最小化のためにクライエントに提供されています。

言語

前章では、アタッチメントの観点から、クライエントとセラピストにおける相互作用的な会話パターンの役割を探っていました。これまでのところ、ＦＥＰの研究文献で言語について直接言及しているものはほとんどありません。しかし、第一原則は、ＰＥＭ階層の上層部におけるその核心的な重要性を示唆するものです。環境は波長、強度、頻度のいずれか、連続したスペクトラムに沿って感覚を刺激します。内受容レセプターも同じように計数化されるのではなく等級化されます。トップダウンの感覚は音声と色彩という離散したユニットに分類されます。

　大人になってから「外国語」を学ぼうとすれば誰でも知っているでしょう、これは特に発話にあてはまります。話者が発する音声は途切れなくつながっていますが、徐々にその言語に慣れてくると、音節や単語が認識できるまとまりとして浮かび上がってきます。言語が人間の進化に大きな段階的変化をもたらしたのは主として二つの理由によっています。第一に、その助けを得ることで、知覚が「迅速かつ質素」になります。第二章の例に話を戻すと、「鳥」や「ビニール」という言葉は、脳エネルギー消費を最小限のものとし、顕著な体験に関わる関連情報を捉えていました。第二に、言語は、脳を借りてデュエット・フォー・ワンのための欠かせない媒体を提供しています。言語があるおかげで、あなたが「猫」と言えば私も同じ四足歩行の尻尾が長いネコ科の動物を指しているのだと確実にわかります。皮肉なことですが、不首尾な場合、言語に備わる統合的な団結力がよりいっそう明らかになります。

君はイーザーと発音して僕はアイザーって言う
君はニーザーと発音するけど僕はナイザーって言う
イーザー、アイザー、ニーザー、ナイザー
もう全部やめてしまおう!
(ジョージ&アイラ・ガーシュウィン(一九三七)「レッツ・コール・ザ・ホール・シング・オフ」)[4]

私自身の訓練での出来事を思い出してみますと、神経性無食欲症の若い女性が上級精神科医から面接を受けていた場面を観察していました。五分以上続くやり取りのなか、以下のやり取りが何度も反復されました。

LET'S CALL THE WHOLE THING OFF
Words & Music by GEORGE GERSHWIN and IRA GERSHWIN
© 1936, 1937 CHAPPELL CO., INC.　All Rights Reserved.
Print rights for Japan administered by Yamaha Music Entertainment Holdings, Inc.
JASRAC 出 2402233-401

面接者：「自分の容姿が気になってしまうのですね？」
患者：「あぁ、いいえ、大丈夫です、親のこと、全然考えていませんから」……云々。

このように、私たちが学ぶことが多いのは成功よりもあやまちからなのです――精神科医からすれば、安心するような考え方でしょう！

言語は同等に隠しもするし暴きもします。英語圏の話者が「青」と言えば、ロシア語圏の話者は、自分たちの言語では二つの青[訳注1]があるのでどちらを意味しているのか尋ねるでしょう。患者が自分は「うつ病」で苦しんでいると言えば、セラピストは患者が「意味する」ところ、うつ病がどの「ようなもの」なのか、身体のどこが痛むのか、どのような考えが刺激されるのか、生活に与えている影響はどのようなものなのかを知りたいことでしょう。治療的会話は、ボトムアップとトップダウンが衝突あるいは（一見すると円滑な形で）共謀している日常のPEMに楔を打ち込みます。切り離しは体験の粒度へ押し下げ、メンタライズ的姿勢へ

訳注1　ロシア語では「青色」が二種類存在している。синий（シーニー）とголубой（ガルボイ）である。

押し上げます。

優秀なセラピストには、言葉づかいのニュアンスや話し方について「完璧なピッチ」を身につけておく必要があります。優秀なセラピストは、クライエントの特定の語彙に合わせて話すように気をつけています。効果的なセラピーの二つの構成要素、つまり共感と挑戦は、対比を成す言語様式に依存しています。録音するとわかるのですが、セラピスト側の共感的共鳴は患者の発話スタイル、患者が言及している幅、声の高さの範囲内にとどまります。このように、デュエット・フォー・ワンの雰囲気が保たれています。[5] セラピストが挑戦や「解釈」に切り替えると、声のピッチと声量が上がり、それによりPEM階層の「より高い」水準が反映されます。

「会話モデル」ないし「精神力動的対人関係療法」(Psychodynamic Interpersonal Therapy：PIT)[6] はとりわけ対話方略の治療役割を前景に持ち出しています。最重要の治療目標は、自分の不安定な苦しみを形にするための「感情言語」を発展させるようにクライエントを助けることにあります。治療が進む過程で、患者は自分の身体感覚に耳を傾け、それを表現・マネジメントし、それとともに生きるための言葉を見つけ出すことを学びます。これは、特に回避型のクライエントに認められる、内受容／生成モデル欠損を克服するための一助と符合します。体験の「微細な詳細」に払われる注意は、とりわけ個人の生活で特異なアフォーダンスに顕著である限りにおいて、強調される点です。クラーク[7]が言うように、これらは以下の事柄で構成されています。

> ……私たち有機体固有のニーズと行為レパートリーに従って解析された世界［たち］……は、見つけにくいがおいしい獲物、ポーカーで配られる最初の手札、手書き数字、構造化された意味がある文章などの項目で満たされている……

PITも自身のインナー・ボイス（たち）の役割を強調します。この内なる声は、母親－乳児の言語的・非言語的会話を起源としており、三～四歳児によく見られる（聞かれる）内なる「私－自分」という自己発話へ練り上げられてゆきます。子どもの遊びは、五歳までに大半が内在化された「実況放送 running commentary」を伴っています。セラピーでは、セラピストという注意深く耳を傾ける存在のもとで、クライエントが自分自身を「大声で」話すため、それが再び外在化されるのです[8参照]。

驚き《サプライズ》

FEPの心理療法に関して重要な含意によると、エントロピーや自由エネルギーの代用として、サプライズを最小化するという使命のために、脳／心は複雑性や差異性を減少させたり消去したりします。心理療法の関係基盤は、クライエントが**驚き**《サプライズ》を持ち堪えて生き残ることを助け、それゆえ、精神エネルギーを拘束するようなさらに健康で新しい方途を見出すのも助けます。

認証、共感、徹底受容[9]は、デュエット・フォー・ワンを確立するための前提条件です。しかし、治療の弁証法のもう一方の片割れは、自己破壊的かつ自己悲惨的で制限を加えるような心理状態の形成に対する挑戦と徹底的な**非**受容です。映し返しと役割応答性により、分析家は患者の「個人語 idiolect」、すなわちその人独自の世界観や自らを痕跡づけた方言 vernacular に入り込みます。この段階では、患者の視点から捉えると、トップダウン／ボトムアップのプロセスはスムースに進み、大きな異常事態《アノマリー》やサプライズが回避されています。

しかし、ある時点では、不可避的に乖離が生じます。分析家は、匿名性と多義性という役割を選んでいるため、患者のトップダウンの期待に応えられないでしょう。ストレイチー[10]の説明では、恐怖を帯びた超自我である父親は、比較的良性であると判明します。今日的には、[11参照]患者が分析家を虐待者であると捉えているならば（「あなたは私の不幸を利用しているに過ぎない、本当はどうでもいいんだろう」）、その見解は情け深くて献身的な思いやりによって混乱させられることでしょう。逆に言えば、患者がセラピストにあらゆる愛やあらゆる許しを求めていると、その希望は辛口なコメント、支払い請求、思いがけない支払い、時間には厳密だが突然のセッション終了などに出くわすかもしれません。この治療上の多義性は、いまや患者（もちろんパーソナル・セラピーを通じて、分析家自身も含まれる）を「良性の苦境」に陥れています。患者は治療関係にとどまることを必要として望んでもいますが、古いモデルがもはや自由エネルギーを最小化する機能を果たしていない以上、心的な再組織化が引き起こされ、それに伴う（首尾よくいけば）短期的混乱と精神的苦痛がもたらされます。

分析家が患者に挑戦し、不適応なエネルギー拘束の型を破り、心的構造にさらなる複雑性をもたらすことは立派な仕事です。「支持的に」現状維持したり、「難しい」患者のドロップアウトを喜んで受け入れたりすることで、共謀を図りたい気持ちに駆られます。しかし、このセラピーの目的は、新規性やサプライズを生成し、持ち堪え、拘束し、代謝することにあります。カオス理論の化学者であるプリゴジン[12]の主張によると、分子の複雑性の創発には閉鎖系と一段と高い温度・圧力が組み合わされる必要があります。同じように、治療関係の抱える機能では、分析家も患者も、身体的にも精神的にも逃げ出すことが許されないため、さらに適応的で複雑な生成モデルが築かれる坩堝、すなわち「閉鎖系」が形成されるのです。

創造性

FEPは、一見すると安心が最重要であると前面に押し出しているアタッチメント理論と同じように、サプライズの最小化と保全conservationを強調しています。ところで、AAIにおける安定 - 自律型の対話の特徴がその新鮮さと自発性である様子をこれまで確認してきました。心理面での健康に必要なのは、探索、革新、創造です。

健康な脳は仮想現実の発生装置であり、夢見て、想像し、空想をめぐらせることができます。ここでヘルムホルツに話題を戻しましょう。彼はドイツ・ロマン主義という優勢な文化とは対照的に、科学を提唱した人物でした。もうひとりの博識家であり多言語話者でもある[13]コールリッジは、ゲーテらを英語圏に引き寄せる役割を果たしました。次のコールリッジの文章は、有名な想像力の働きに関して説明を施しています。

大方の読者は、小川の水面に小さな水生昆虫がいるのを見たことがあると思います。……そしてその小生物が流れに逆らって上流へ進んでいくために、能動と受動の運動を交互に規則正しく行って、まず水流に抵抗しては、次にそれに身をまかせることで、力を溜め、一瞬の足場を獲得してさらなる推進力を得ている様子を見たことでしょう。これは思考している最中に精神が体験することを象徴的に表しているといっても過言ではありません。明らかに二つの力が作用しているのです。それは相対的に能動と受動の関係にあります。そしてこのことが可能であるためには、能動であり同時に受動である中間的機能が必要です。……この中間的機能を……《想像力》と呼ばなければなりません。[14]

コールリッジの自発性と抑制、能動と受動の弁証法は、ヘルムホルツのトップダウン／ボトムアップのプロセスからそれほどかけ離れていません。感覚は比較的受動的に受け取られます。その後、トップダウンのプロセスによって能動的に形作られます。誤差最小化の妥協点 meeting points――感覚器官と意識のあいだで入れ子状になったマルコフ・ブランケットの段階で発生します――は、革新と創造のための形成層を形作ります。**デフォルト・モード・ネットワーク**が活性化すると、夢や自由連想から生まれる新しいアイデアが、受動的に「自分自身に耳を傾ける」のと同時に、能動的に「耳を傾けている自分自身に耳を傾ける」ことで立ち現れてゆきます。心底生き残る必要性が創造的に生きる能力を駆逐してしまった場合、セラピストの「不在／在」[15]がこのプロセスを甦らせるために欠かせない構成要素となります。

■エピローグ

終わりを迎えるにあたって、願わくは、新しいパラダイムとしてのFEPに私が情熱を注いでいる点が伝わっていれば、と思います。この新パラダイムのおかげで、精神分析理論と実践、および心理療法全般の諸相は妥当性を検討され、前進することができるでしょう。私は最小限かつ控えめな形でしか留保を加えていません。けれども、FEPは普遍的に受け入れられているわけではありません。その地位はまだ議論の余地を残し、反証可能性がないという決まり文句、必須理論、同語反復、標準的な用法ではない定義づけ・パラダイム・生命科学の法則、先験的第一原理、統一的説明、シンプルな仮定ないし公理などと記述されてきました。[1]

数理神経科学の視点から眺めると、その非常に一般的な応用性のために、何が検証可能で科学的に妥当な論駁を構成するのかしないのかを特定することは困難です。[2] むしろ、基礎物理学において、ひも理論が知的にも数学的にも納得ができるものである（と私は聞かされています！）けれども、理論的憶測の域を出ないように、FEPは刺激的で広範な指導「原理」あるいはヒューリスティックであるけれども、現状では圧倒的に実証的支持を受けているというわけではありません。

精神分析の角度から眺めると、ブラスとカルメリ[3]は、神経精神分析が心理療法の理解と実践を向上させるというヨーベルとソームズ、フォトポロウ[5]の主張に激しく反論しています。哲学的に言えば、心／脳というお決まりの表現、すなわち二重の側面をもつ一元論を安易に用いることは「ハード・プロブレム」を放置してしまうことになります。[6参照] 体験の「ある性」、とりわけ心理療法が取り扱うもの——愛、喪失、苦痛、希望——は、サプライズの数的処理とは異なる領域に属しているようです。

四つの主要テーマに基づいて、私の情熱を繰り返し述べることで終わりにしましょう。第一に、FEPは力動理論であり、こころとその（内外の）環境との連続的な相互作用を視覚化しています。FEPでは、こころという無意識と意識の部分の相互作用は、「無意識」のように統一的な実体ではなく、エントロピーの世界で満足を求めるようにもがく安心希求の努力や欲望として描き出されています。第二に、ひとたび「デュエット・フォー・ワン」／借り出された脳という要素がFEPに含まれると、精神分析的心理療法における対人アタッチメントに基づく要素が直接的に語られることになります。第三に、FEPはベイズにその起源を有し、不確実性と予測の必要性を理論の中心に据えています。このことは、精神分析が知らないでいることに与える評価や体験のミステリーを尊重している点と符合します。第四に、FEPは、PEMプロセスのトップダウンの構成要素として、夢や語りを生成するものとしての脳の創造的・革新的・想像的側面を称賛しています。

私がFEPに注ぐ情熱は、心理療法統合のメタ視座[8参照]にも由来しています。この考え方によると、心理療法の変化をもたらす側面は、治療関係それ自体、一貫した理論的枠組み、変化促進的手続きなどを含む、共通要因から大きく得られています。[9] FEPは、この共通要因アプローチに対してメタメタ視座を提供します。[10] 心理面での健康が自由エネルギー拘束や予測誤差の最小化と連合しているとすれば、これらを育む手続きは（その支持ブランドの名称がどのようなものであれ）有用である可能性が高いでしょう。これには次の事柄が含まれています。行為主体の解放、（CBTの「実験」であれ精神分析の自由連想であれ）感覚サンプリングの向上、夢分析・解釈と「アクティヴ・イマジネーション」によるトップダウン仮説の可能性拡大、変化を促す悲しみの涵養、体験を考慮したプライアの修正、などです。

これらは生物行動学的同期性、認識論的信頼、会話の話者交替の形をとるデュエット・フォー・ワンな対話という文脈を必要とします。研究の視座から眺めると、これらの特徴は、心理療法の効力性とコンプライアンスのアセスメント基準となります。臨床的に述べると、セラピストとそのスーパーヴァイザーの精神統一を助け、効果の増進に寄与するでしょう。

最後のポイントです。FEPの示唆するところでは、心理療法は、難解な調合品であるというよりも、むしろ目まぐるしく変化して予測不能な環境でますます必要とされるもの、すなわち、より一般的な文化現象の特殊形態である「自然種」であると例証されています。文化的生活の多くの諸相——遊び、スポーツ、ドラマ、イコノグラフィー——は、健康増進的なPEMを育むメタ認知とともに、トップダウン／ボトムアップの「切り離し」に左右されます。シェイクスピアの演劇やロック・コンサートは、エロティックで破壊的なエネルギーを解放しますが、演技や演奏の終わりには、演者の会釈や観客の拍手が認めるように、誰も傷ついたり虐待されたりしていない（と誰しも願う）ものです。

自由な生活に不可欠な心理的ホメオスタシスは、そもそもエントロピーの力に対して脆弱なものです。予測誤差を体験し、許容し、解決することを学ぶためには、親密な人間関係の生成可能性が大きく力を発揮します。不安、受動性、不平等、孤立、非安全をもたらす社会は、発達してゆく子どもが有するこの自由エネルギー拘束の能力発達を危険に晒します。長期的な視点で見ると、社会変革しかこの自業自得の悲惨な文化を変えることができないでしょう。しかし、この点と並行して、自発的な自己修正が失敗・挫折した場合、心理療法は「心理的免疫システム」[11]のほかの文化的諸相と協力し、新たな希望と展望への道のり――危険がないというわけではないのですが――を提供します。

■用語集

能動的推論 Active Inference：AI

AIは、脳が自分自身を取り巻く世界を理解するための主要な手段である。脳は最適な確率的（ベイズ的）信念更新に近似した推論マシンであると仮定される。AI脳は、世界と自分自身の内部モデルを具現化し、トップダウンの世界モデルが正しい場合に受け取るべきボトムアップの感覚データをシミュレートする。これらの予測された感覚データが次に実際の観測内容と比較される。予測された感覚と観察された感覚とのあいだの偏差は——過去に先立って《プライア》——モデルを更新するために使用される。

成人アタッチメント面接 Adult Attachment Interview：ＡＡＩ

一時間の長さで実施される自由形式の面接であり、クライエントの喪失や分離トラウマ、ネグレクトなどの経験が調べられる。その言語学上のスタイルから逐語録は分析され、安定―自律型、不安定―軽視型、不安定―とらわれ型、未解決型に分類される。

アフォーダンス Affordance

有機体のアフォーダンスとは、その有機体が生存するために、そこに注意を払う必要がある顕著な環境の具体的側面である。つまり、食物、捕食者、生息域のニッチ（人間の主の場合、主として仲間を意味する）を指す。

アトラクター Attractors

アトラクターとは、混沌の海に浮かぶ安定した島である。ダイナミックな複雑系はそもそもが混沌としており不安定であるが、通常であれば、いくつかのありうる安定状態、すなわち「アトラクター・ベイスン」のひとつに落ち着く。

ベイズ脳 Bayesian brain

自身の短期的・長期的な未来について脳は「知識に基づいた推測 educated guesses」を働かせる。つまり、環境から何が期待されるのか、有機体自体がどのように反応するのか、という推測を巡らせる。このような予測は確率論的なものであり、流転する状況や条件に対して行為やホメオスタシス的反応を導くべく、リアルタイムの近似値に左右されるものである。

ボトムアップ／トップダウン Bottom-up/ Top-down

環境（外受容的・内受容的・固有受容的）のインパクトによって刺激された神経パターンは「ボトムアップ」で大脳皮質へと旅をする。そこでこのパターンは、逆方向、つまり「トップダウン」で旅をしている、すでに形成されていた生成モデルに基づくパターンと遭遇する。

認知行動療法 Cognitive Behavioural Therapy：CBT

精神疾患の根底にあると理論化されている、間違った認知的な構成概念に挑戦するセラピー。CBTでは、クライエントはこうした信念が検証されるような「実験」を実施して、論破された場合には現実が下した判定を受け入れるように促進される。PEMの視座から眺めると、CBTは行為を促し、生成モデルの修正を促進している。

デフォルト・モード・ネットワーク Default Mode Network：DMN

脳は、特定課題に従事していない休止状態であっても、エネルギー的には活性しつづけている。DMNとは、白昼夢に耽ったり、自分自身や自身の〈過去や現在の〉歴史、他者との関係性について考えたりするときに活性化している脳領域の連結ネットワーク〈内側前頭前皮質（medial prefrontal cortex：MPFC）を含む〉を指す。FEPの視座から眺めると、DMNは自他の相互作用の生成モデルの宝庫と考えることができる。

エントロピー Entropy

あるシステムの無秩序の程度を示す尺度。もともとは熱力学系との関連のなかで定義されていたため、仕事 work に利用できない余剰な無作為さを反映する。心／脳の観点では、エントロピーはフロイトの「拘束されていないエネルギー」と翻訳される。「拘束されていないエネルギー」は適応過程を混乱させかねないものである。熱力学第二法則では、システムのエントロピーは時間とともに減少することがないとされている。宇宙は全体として冷却されて無秩序に向かう傾向にあるが、生命は純粋に局所的な意味でこの傾向に抵抗している。

自由エネルギー原理 Free Energy Principle：FEP

生物学的行為者は無秩序に対抗し、そのために自身の感覚状態のエントロピーを最小化しなければならない。拘束されていないエネルギーはエントロピー的である。すなわち、無秩序／混沌を招き入れる。世界の予測モデルに従って、脳は、入ってくる情報エネルギーを「拘束する」。これは、行為者が可能性のありうるわずかな脳／心の状態に自らを限定する点を意味する。

生成モデル Generative models

生成モデルは予測モデルである。つまり、脳が諸感覚の原因を説明するために使用するモデルである。生成モデルは、世界をめぐる信念を確認ないし否認し、体験に照らしてそれを修正する能動的推論を裏打ちする。精神分析的に述べると、生成モデルは内的作業モデル、対象関係、および転移的想定に翻訳される。

粒度 Granularity

諸感覚は、内的な感覚であれ外的な感覚であれ、はっきりしないもの vague（「迷走 vagal」＝さまよえる一〇番目の脳神経）であったり、まったく無視されているものであったり、かなり特定的なものであったりする。粒度が高ければ高いほど、より細かく感情的な情報に富んだものとなる。さまざまな心理療法の伝統が存在するものの、自由連想とマインドフルネスはどちらも体験の「解像度 pixelation」や粒度に対する受容性を向上させるように主体を促す。

視床下部―下垂体―副腎軸 Hypothalamic-Pituitary-Adrenal axis：HPA

ホルモン系と中枢神経系（CNS）をつなぐリンク。HPA軸は、アドレナリン、コルチゾール、およびその他ホルモンを制御・分泌する内分泌腺の自己調整集合体であり、ストレスがかかる事象に対応する手助けをする。「毒性ストレス」は、HPA軸の慢性的な過活動を反映したものであり、心身の健康に長期的な悪影響を及ぼす。

内受容 Interoception

外的環境とは対照的に身体内部——腹、性器、胸、皮膚、四肢等の感じ——からもたらされる感覚。これらの多くは迷走神経を介して脳に伝達されている。「ポリヴェーガル理論」は、心理療法家にとってとりわけ興味深い感情生活を下支えするものとして、内受容を重視している。

マルコフ・ブランケット Markov blankets

ボトムアップの入力とトップダウンの推論の接点である。私たちが世界について知っている事柄はすべて究極的には自分たちの感覚——自分の親しい人たちや普及している文化から伝達される感覚や自分自身の感覚——からもたらされる。マルコフ・ブランケットは、ボトムアップとトップダウンの変数を独立させる統計上の境界であり、一方を他方に合わせるための能動的推論を必要とする。マルコフ・ブランケットは感覚器官のレベルで適用されるが、神経階層においても、各水準の上方の情報が下方の生成モデルによって「問いかけ」られることになる。

メンタライジング Mentalising

自分たちが思考のヴェールや「心の理論」を通して世界を捉えているという洞察を有し、他者にもそれぞれに独自の欲望、視座、計画、概念があることを正しく理解することを指す。メンタライズするとは、自分を外側から、他人を内側から捉えることである。

ネゲントロピー Negentropy

無生物を特徴づける分子の単純性・ランダム性・時間経過による冷却化とは対照的に、生命を特徴づける秩序・構造・複雑性。

予測誤差最小化 Prediction Error Minimisation：ＰＥＭ

正確な知覚には、トップダウンのプライアとボトムアップの感覚上の根拠の精度を最適化することが必要である。神経生物学的に述べると、これはエラーユニットの「利得」を調節することにあたる。入力とそれを説明するモデルとのあいだに乖離が生じると、脳は二つの方途で誤差を最小化する。すなわち、（A）入力の正確さを修正するもの（「もう少し近くで見てみよう」）としての行為を介して、（B）モデルの修正（「私が間違っていたのかも。なにか聞こえた？――ひょっとしたらただの風だったのかも」）を介して、行われる。

プライアとポステリア Priors and posteriors

プライアとは、感覚体験、想定、前概念に影響を与えるような生成モデルを指す。ポステリアとは、かつて能動的推論が適用された後から、新しく改訂されたモデルを指す。

投影同一化 Projective Identification：ＰＩ

もともとはメラニー・クラインが発展させた概念であり、乳児が都合の悪い感情や望まない感情を一次的な養育者に投影することで有り、養育者の役割はそれらの感情を「代謝」して扱いやすい形でわが子に返すことである。この概念は、ビオンによって、非言語的なコミュニケーションや感情的な共感を記述するために拡張された。PIは、心理療法における情緒コミュニケーションの特徴であり、トラウマを抱えたクライエントと作業する場合は特に顕著となる。FEPの場合、私たちが自身の生成モデルに従って世界を創造するという「ニッチ構成」のアイデアに関連している。

精神分析的心理療法 Psychoanalytic psychotherapy

精神分析の技法や理論に従い、週一～三回で行うセラピーを指し、はっきりと時間を区切ったセッション、セラピストの不透明性、自由連想、夢分析、転移解釈、セラピストの逆転移の利用によってクライエントの情緒状態を理解することなどが含まれる。

ストレンジ・シチュエーション Strange situation

一、二歳の子どもと両親のアタッチメント状態を測定するうえで標準的な手法。まず親子でくつろいで遊んだ後、親が三分間ほど部屋を出るため、子どもは一連の軽いストレスに晒される。親子がこの分離と再会に対処する様子をビデオで録画して分析し、安定型、不安定—回避型、不安定—不安型、不安定—無秩序型のアタッチメントに分類される。

サプライズ Surprise

専門的意味を帯びた日常用語。数学的に述べると、ある結果の負の対数確率を指す。サプライズとは、入力された情報（「認識の確率分布 recognition density」）と事前の期待との乖離である。感覚／体験が予期しないものである程度を示す尺度であり、高度な情報と潜在的な自由エネルギーの存在を伝えるものである。脳は、行為によって多義性を減らし、プライアを修正するという形で、サプライズを最小化しようとする。数学的に述べると、自由エネルギーは常にサプライズよりも大きいため、サプライズを最小化することは自由エネルギーを同じく制御することになる。

■謝辞

本書に収められているアイデアの多くは、家族・友人・同僚・学生たちとの会話、コンファー社がこの革新的な出版計画に乗り出す前に準備していた講義から生まれました。エヴィリノミー・アヴディィ、ピーター・フォナギー、カール・フリストン、ジョッシュ・ホームズ、リディア・ホームズ、マット・ホームズ、ロス・ホームズ、ジム・ホプキンス、リチャード・ミュゼン、ニック・サッラ、アレッサンドロ・タリア、クリスティン・ホワイトには、貢献・反応・修正・増幅という点で感謝しています。とりわけ、第一章に多大な貢献をしてくれたジェイコブ・ホームズ、これらのアイデアの多くを最初にもたらしてくれたアリエッタ・スレイドとトバイアス・ノルティ、そして、惜しみなく時間を割いて文章全体に目を通してくれたパトリック・コノリーとマイケル・モウトウシスに深謝します。みなさんから貴重な示唆を受け取りました。本書の「借り出された脳」のコラージュのなかにみなさんが自分のアイデアを認めたとすれば、たとえ多少認めがたいとしても、これを心底の敬意として受け止めてくだされば幸いです。あやまち、誤解、過度の単純化、時代錯誤、そのほか一切の恐ろしい、ありふれた失敗の責任は私にあります。

本書に掲載された資料の一部の初稿は、ホームズとスレイド[1]およびホームズとノルティ[2]に載っております。

□訳者あとがき

昨今、心理療法と神経科学の出会いが熱い。

アラン・N・ショアの『右脳精神療法』（岩崎学術出版社、二〇二二年）と『無意識の発達』（日本評論社、二〇二三年）はその代表です。後者は僕も翻訳に関与し、解題も書かせていただきました。ショアによると、人間の右脳同士は無意識的なコミュニケーションを営んでおり、その始まりは早期養育関係にまで遡るようです。心理療法は「言語」を活用しますが、実のところ、ものすごく複雑でスピーディーに巻き起こっている「非言語」的な交流にも着目しておかないとまずい展開になりがちです。この点をショアは精神分析や神経科学、アタッチメント理論でフォローしてくれています。

あるいは、ショアの仲間であるルイス・コゾリーノやダニエル・シーゲルの邦訳書が多く出ています〈例：『心理療法家になる』（誠信書房、二〇二二年）や『愛着の子育て』（大和書房、二〇二二年）〉。また、ユング派のテイストを感じさせるマーガレット・ウィルキンソンは『セラピーと心の変化』（木立の文庫、二〇二一年）という本を書き、マーク・ソームズという人物はアントニオ・ダマシオらの神経科学理論を駆使して精神分析を基礎づけています。その「神経精神分析」は『意識はどこから生まれてくるのか』（青土社、二〇二一年）や『脳と心的世界』（星和書店、二〇〇七年）に書き記されていますので、興味があればご一読ください。

さて、この本は、ジェレミー・ホームズが精神分析的心理療法、アタッチメント理論、神経科学、自由エネルギー原理などを活用して書き上げた好個の書です。どうも僕はホームズに縁があるようです。以前には『アタッチメントと心理療法』（みすず書房、二〇二一年）という彼の代表作を翻訳し、別の訳書『アタッチメントと新規蒔き直し』（みすず書房、二〇二三年）では序文執筆者として彼が顔を出しています。ホームズ自身の詳しい来歴などは『アタッチメントと心理療法』の解題をご参照ください。

ホームズは実地臨床に分析的な知見を応用する姿勢を一貫して示しつづけています。そのように試みる際の、いわば接着剤のようなものとして彼はアタッチメント理論や自由エネルギー原理を応用しているようです。彼は原理主義を嫌います。あくまで現場で必要とされる理論や実践を大切にする臨床家です。本書は難解なように読めるかもしれませんが、その根底には、地を這うような臨床経験が横たわっています。そのエッセンスに触れることは、学派や派閥を問わず、さまざまな臨床家にとって有益な作用をもたらすことでしょう。また、心理療法やカウンセリングに携わっていなくとも、本書は知的好奇心を刺激する良書として楽しめることでしょう。

人間はある種のモデルを形成・訂正・改訂しながら生きています。このモデルは古今の理論家によってさまざまに呼称されてきました。アルフレッド・アドラーならば「世界観」、ジャン・ピアジェで言うところの「シェマ」、ジョージ・ケリーであれば「パーソナル・コンストラクト」、メラニー・クラインに言わせれば「空想」、カール・ロジャーズが言うと「内的参照枠」、アーロン・ベックを借りれば「スキーマ」、エリック・バーンの理論で言うと「人生脚本」となるでしょうか。

これらは意識しきれない水準で作動しているモデルです。そして、カール・フリストンの自由エネルギー原理では「生成モデル」として記述されているモデルなのです。

ある見方に立つならば、「人間は科学者である」と言われます。人生で体験するさまざまな事態から学び、自分なりの図式を形作るのです。この図式は必ずしも世界をそのまま綺麗に写し取っているわけではないので、それなりの場面でズレとして体験されます。これが「驚き《サプライズ》」として感覚されるわけです。いちいちびっくりしていたら、身が持ちませんよね？有機体は本質的に「保守的」性質を備えています。いつも同じ店で同じメニューを頼む、とか、いつもの二限目の講義の部屋では同じ場所に座る、とか、経験がありませんか？

学校から家に帰るたびに、母親が違う人になっていたら子どもは驚愕しますよね。セラピーの部屋が毎回違って、セラピストが三回に一回くらい別の担当者になったとしたら、クライエントは安心などできません。治療構造――「同じ時間」「同じ場所」「同じセラピスト」――が大切なのは「サプライズ」を最小化するためのものだった。そういうわけです。

ひとたび自由エネルギー原理をインストールすれば、日常の生活で起こる出来事、さまざまな対人関係の諸相、セラピー場面の体験など、いろいろなものが違ったように――しかしきわめて筋が通った形で――見えてくるのではないでしょうか。僕もまだまだ勉強中です。一緒に学んでいきましょう。

カール・ロジャーズはこんなことを書いていました。[注1]

実際、人間関係に関する一仮説であり、常に仮説である。経験あるカウンセラーがおり、非常に多くのケースでこの仮説を支持するエビデンスを観察してきたとしても、それでもまだ、ドアから入ってくる新しいクライエントに関しては、自己理解や賢明に自分で方向を決める可能性は――このクライエントに関しては――完全には証明されていない仮説である。(岡村訳)

傑出した精神分析家ウィルフレッド・ビオンも同様の言葉を残しています。あらゆる心理

注1　岡村達也（二〇一二）の示唆による〈岡村達也（二〇一二）empathic understanding の origin：その rationale としての alter ego. 未公刊〉。

学の理論が「仮説」です。「自由エネルギー原理」も依然として仮説でしょう。どんな理論にせよ、それを検証のプロセスから外してしまうと、ただのカルトに堕してしまいます。肝に銘じながら勉強していきたいものです。

本書の企画に携わってくださった岩崎学術出版社の鈴木大輔氏に感謝します。なかなかに先鋭的な書籍でありながら、氏は優れた手腕で編集作業に尽力してくださいました。また、日本語の序文を寄稿してくださった岡野憲一郎先生にも深謝します。専門分野や関心領域と本書がピッタリと重なっているため、先生はまさに序文執筆に適任の先達でした。さらに、本書の訳稿を読んでくださった橋本彩加と守屋彩加の両氏にも感謝します。家族にも忘れずに。

二〇二四年四月

筒井亮太

□ 参考文献

＊原書掲載の文献を章ごとに区分けし出現順に載せた。繰り返し引用されているものについては略記した。日本語版のあるものは付記した。本文中に文献情報の表示がない文献は「その他」としてまとめた。

□ イントロダクション

1 Leichsenring, F. (2008). Effectiveness of long-term psychodynamic psychotherapy. *Journal of the American Medical Association*, 300: 1551–1565.

2 Shedler, J. (2010). The efficacy of psychodynamic psychotherapy. *American Psychologist*, 65: 98–109.

3 Taylor, D. (2015). Pragmatic randomized controlled trial of longterm psychoanalytic psychotherapy for treatment resistant depression: The Tavistock Adult Depression Study (TADS). *World Psychiatry*, 14: 312–321.

4 Wampold, B. (2015). How important are the common factors in psychotherapy? An update. *World Psychiatry*, 14: 270–277.

5 Kim, D., Wampold, B., & Bolt, D. (2004). Therapist effects in psychotherapy: A random-effects modeling of the National Institute of Mental Health Treatment of Depression Collaborative Research Program data. *Psychotherapy Research*, 16: 161–172.

6 Masterpaqua, F., & Perna, P. A. (Eds.) (1997). *The Psychological Meaning of chaos: Translating Theory into Practice*. Washington, DC: American Psychological Association.

7 Budd, R., & Hughes, I. (2009). The Dodo Bird Verdict – contro- versial, inevitable and important: a commentary on 30 years of meta-analyses. *Clinical Psychology & Psychotherapy*, 16(6): 510–522. doi: 10.1002/cpp.648

8 Lambert, M. (2013). Outcome in psychotherapy: the past and important advances. *Psychotherapy*, 50: 42–51.

9 Holmes, J., & Slade, A. S. (2017). *Attachment in Therapeutic Practice*. London: SAGE.

10 Holmes, J., & Slade, A. S. (2019). The neuroscience of attachment: implications for psychological therapies. *British Journal of Psychiatry*, 214: 318–320.

11 Connolly, P. (2018). Expected free energy formalizes conflict underlying defence in Freudian psychoanalysis. *Frontiers in Psychology*. doi: 10.3389/psyg.2018.01264

12 Hopkins, J. (2016). Free energy and virtual reality in neuroscience and psychoanalysis: a complexity theory of dreaming and mental disturbance. *Frontiers in Psychology.* https://doi. org/10.3389/fpsyg.2016.00922

13 Mellor, M. (2018). Making worlds in a waking dream: where Bion intersects Friston on the shaping and breaking of psychic reality. *Frontiers in Psychology,* 9. 10.3389/fpsyg.201801674.

14 Moutoussis, M., Shahar, N., Hauser, T. U., & Dolan, R. J. (2018). Computation in psychotherapy, or how computational psychiatry can aid learning-based psychological therapies. *Computers in Psychiatry,* 2: 50–73. doi: 10.1162/CPSY_a_00014

15 Smith, R., Lane, R., Nadel, L., & Moutoussis, M. (2019a). A computational neuroscience perspective on the change process in psychotherapy. In: R. Lane & L. Nadel (Eds.), *Neuroscience of Enduring Change: Implications for Psychotherapy.* Oxford: Oxford University Press.

16 Smith, R., Lane, R., Parr, T., & Friston, K. J. (2019b). Neurocomputational mechanisms underlying emotional awareness: insights afforded by deep active inference and their potential relevance. *Neuroscience and Biobehavioural Reviews.* doi. org/10.1101/681288

17 Solms, M. (2019). The hard problem of consciousness and the free energy principle. *Frontiers in Psychology,* 9. doi: 10.3389/ fpsyg.2018.02714

18 Connolly, P., & van Deventer, V. (2017). Hierarchical recursive organisation and the free energy principle: from biological self-organisation to the psychoanalytic mind. *Frontiers in Psychology.* doi.org/190.3389/fpsyg.2017.01695

19 Carhart-Harris, R. L., & Friston, K. J. (2010). The default mode, ego-functions and free energy: a neurobiological account of Freud's idea. *Brain,* 133: 1265–1283.

20 Freud, S. (1950a). *A Project for a Scientific Psychology. S. E., 1*: 95–397. London: Hogarth.（総田純次訳［2010］「心理学草案」『フロイト全集 3：1895 ～ 1899 年』東京：岩波書店）

21 Freud, S. (1911b). *Formulations on the two principles of mental functioning. S. E., 12.* London: Hogarth.（高田珠樹訳［2009］「心的生起の二原理に関する定式」『フロイト全集 11：1910 ～ 11 年』東京：岩波書店）

22 Freud, S. (1920g). *Beyond the Pleasure Principle. S. E., 18.* London: Hogarth.（須藤訓任訳［2006］「快原理の彼岸」『フロイト全集 17：1919 ～ 1922 年』東京：岩波書店）

23 Barratt, B. (2019). *Beyond Psychotherapy.* London: Routledge.

24 Friston, K. J. (2010). The free energy principle: a unified brain theory? *Nature Reviews Neuroscience,* 11: 127–138.

25 Clark, A. (2016). *Surfing Uncertainty.* Oxford: Oxford University Press.

26 Hohwy, J. (2013). *The Predictive Mind.* Oxford: Oxford University Press.（佐藤亮司監訳［2021］『予測する心』東京：勁草書房）

27 Rovelli, C. (2017). *Reality Is Not What It Seems.* London: Allen Lane.（竹内薫監訳［2017］『すごい物理学講義』東京：河出書房新社）
28 Bollas, C. (2019). The democratic state of mind. In: D. Morgan (Ed.), *The Unconscious in Social and Political Life* (pp. 27–38). London: Phoenix.
29 Hopson, J. (2019). Stigma and fear: the psy-professional in cultural artefacts. *British Journal of Psychotherapy,* 35: 233–244.

□ 第一章

1 Freud, S. (1912–13). *Totem and Taboo. S. E., 13.* London: Hogarth.（門脇健訳［2009］「トーテムとタブー」『フロイト全集 12：1912 ～ 13 年』東京：岩波書店）
2 Gabbard, G., & Ogden, T (2009). On becoming a psychoanalyst. *International Journal of Psychoanalysis,* 90: 311–327.
3 Bernfeld, S. D. (1944). Freud's earliest theories and the school of Helmholtz. *Psychoanalytic Quarterly,* 13: 341–362.
4 Dayan, P., Hinton, G., Neal, R., & Zemel, R. (1995). The Helmholtz machine. *Neural Computation,* 7: 889–904.
5 Badcock, P., Friston, K. J., Maxwell, J., & Ramstead, J. (2019). The hierarchically mechanistic mind: a free-energy formulation of the human psyche. *Physics of Life Reviews.* doi: 10.1016/j. plrev.2318.10.002
6 Humphrey, N. (2011). *Soul Dust.* Princeton, NY: Princeton University Press.
7 Caspi, A., McClay, J., Moffitt, T. E., Mill, J., Martin, J., Craig, I. W., Taylor, A., & Poulton, R. (2002). Role of genotype in the cycle of violence in maltreated children. *Science,* 297: 851–854.
8 Barrett, L. (2017). *How Emotions Are Made.* London: Pan.（高橋洋訳［2019］『情動はこうしてつくられる：脳の隠れた働きと構成主義的情動理論』東京：紀伊国屋書店）
9 Solms, M. (2019). イントロダクション 17 に同じ。
10 Freud, S. (1925d). *An Autobiographical Study. S. E., 20.* London: Hogarth, p. 9.（家高洋・三谷研爾訳［2007］「みずからを語る」『フロイト全集 18：1922 ～ 1924 年』東京：岩波書店、p.57）
11 Freud, S. (1950a). イントロダクション 20 に同じ。
12 Freud, S., & Breuer, J. (1895d). *Studies on Hysteria. S. E.,2.* London: Hogarth.（金関猛訳［2013］『ヒステリー研究初版』東京：中央公論社）
13 Freud, S. (1911b). イントロダクション 21 に同じ。
14 Freud, S. (1920g). イントロダクション 22 に同じ。
15 Freud, S. (1940a). *An Outline of Psycho-Analysis. S. E., 23.* London: Hogarth, p. 141.（津田均訳［2007］「精神分析概説」『フロイト全集 22：1938 年』東京：岩波書店、p.199）
16 Freud, S. (1911b). *Formulations on the two principles of mental functioning. S. E., 12.* London: Hogarth, p. 303.（高田珠樹訳［2009］「心的生起の二原理に

関する定式」『フロイト全集 11：1910 ～ 11 年』東京：岩波書店）
17 Holt, R. (1962). A critical examination of Freud's concept of bound vs free cathexis. *Psychoanalytic Quarterly,* 32: 446–452.
18 Northoff, G., & Panksepp, J. (2008). The trans-species concept of self and the subcortical mid-line system. *Trends in Cognitive Science,* 12: 259–264.
19 Laplanche, J., & Pontalis, J. (1973). *The Language of Psychoanalysis.* D. Nicholson-Smith (Trans.). London: Hogarth, p. 52.（村上仁監訳［1977］『精神分析用語辞典』東京：みすず書房、p.138）
20 Schroedinger, E. (1944). *What Is Life? The Physical Aspect of the Living Cell.* Cambridge: Cambridge University Press.（岡小天・鎮目恭夫訳［2008］『生命とは何か：物理的にみた生細胞』東京：岩波書店）
21 Ramstead, M. J., Badcock, P. B., & Friston, K. J. (2017). Answering Schrödinger's question: A free-energy formulation. *Physics of Life Reviews.* https://doi.org/10.1016/j.plrev.2017.09.001
22 Freud, S. (1940a). *An Outline of Psycho-Analysis. S. E., 23.* London: Hogarth.（津田均訳［2007］「精神分析概説」『フロイト全集 22：1938 年』東京：岩波書店）
23 Freud, S. (1940a). *An Outline of Psycho-Analysis. S. E., 23.* London: Hogarth, p. 148.（津田均訳［2007］「精神分析概説」『フロイト全集 22：1938 年』東京：岩波書店、p.183）. 強調は筆者 .
24 Barratt, B. (2019). イントロダクション 23 に同じ。
25 Devlin, K. (2003). Bayesian probability. *The Guardian* newspaper, March 20.
26 Friston, K. J. (2010). イントロダクション 24 に同じ。
27 Hobson, J. A., & Friston, K. J. (2012). Waking and dreaming consciousness: neurobiological and functional considerations. *Progress in Neurobiology,* 98: 82–98.
28 Friston, K. J., & Frith, C. (2015). A duet for one. *Consciousness and Cognition.* https://doi.org/10.1016/j.concog.2014.12.003
29 Gibson, J. (1986). *The Ecological Approach to Visual Perception.* Hillsdale, NJ: Lawrence Erlbaum Associates.（古崎敬訳［1985］『生態学的視覚論：ヒトの知覚世界を探る』東京：サイエンス社）
30 Ramstead, M. J., Veissiere, S. P., & Kirmayer, L. J. (2016). Cultural affordances: Scaffolding local worlds through shared intentionality and regimes of attention. *Frontiers in Psychology,* 7: 1090.
31 Yalom, I. (2011). *Staring at the Sun.* New York: Basic Books.（羽下大信監訳［2018］『死の不安に向き合う：実存の哲学と心理臨床プラクティス』東京：岩崎学術出版社）
32 Freud, S. (1911b). *Formulations on the two principles of mental functioning.* S. E., 12. London: Hogarth, p. 302.（高田珠樹訳［2009］「心的生起の二原理に関する定式」『フロイト全集 11：1910 ～ 11 年』東京：岩波書店、p.262）
33 Pinker, S. (2003). *The Blank Slate.* London: Allen Lane.（山下篤子訳［2004］

『人間の本性を考える：心は「空白の石版」か 上・中・下』東京：NHK出版）
34 Nagel, T. (1974). What is it like to be a bat? *Philosophical Review,* 83(4): 435–450.（永井均訳［1989］「コウモリであるとはどのようなことか」『コウモリであるとはどのようなことか』東京：勁草書房）
35 Kirchhoff, M. (2017). Predictive brains and embodied enactive cognition: an introduction to special issue. *Synthese,* 195(6): 2355–2366.
36 Hopkins, J. (2016). イントロダクション 12 に同じ。
37 Smith, R., Lane, R., Parr, T., & Friston, K. J. (2019b). イントロダクション 16 に同じ。
38 Mikulincer, N., & Shaver, P. (2007). *Attachment in Adulthood.* New York: Guilford Press.
39 Boyce, W. (2019). *The Orchid and the Dandelion.* London: Pan Macmillan.
40 Belsky, J., Bakermans-Kranenburg, M. J., & van Ijzendoorn, M. H. (2007). For better and for worse: Differential susceptibility to environmental influences. *Current Directions in Psychological Science,* 16(6): 300–304.
41 Parr, T., & Friston, K. J. (2018). The anatomy of inference: Generative models and brain structure. *Frontiers in Computational Neuroscience.* doi.org/10.3389/fncom.2018.00090
42 Carhart-Harris, R. L., & Friston, K. J. (2010). イントロダクション 19 に同じ。
43 Gu, X., Hof, P. R., Friston, K. J., & Fan, J. (2013). Anterior insular cortex and emotional awareness. *Journal of Comparative Neurology,* 521: 3371–3388. http://dx.doi.org/10.1002/cne.23368
44 Friston, K. J. (2010). The free energy principle: a unified brain theory? *Nature Reviews Neuroscience,* 11: 132.
45 Hobson, J. A., Hong, C. C., & Friston, K. J. (2014). Virtual reality and consciousness inference in dreaming. *Frontiers in Psychology / Cognitive Science,* 5: 1133. doi: 10.3389/fpsyg.2014.01133
46 Friston, K. J., Fortier, M., & Friedman, D. A. (2018). Of woodlice and men: A Bayesian account of cognition, life and consciousness. An interview with Karl Friston. *ALIUS Bulletin,* 2: 17–43.
47 Graziano, M. (2019). Attributing awareness to others: The attention schema theory and its relationship to behavioral prediction. *Journal of Consciousness Studies,* 26(3–4): 17–37.
48 Clark, A. (2016). イントロダクション 25 に同じ。
49 Friston, K. J., Thornton, C., & Clark, A. (2012). Free energy minimisation and the dark-room problem. *Frontiers in Psychology,* 3: 1–7. doi: 10.3389/fpsyg.2012.00130
50 Kidd, C., Piantadosi, S., & Aslin, R. (2012). The Goldilocks effect: human infants allocate attention to visual sequences that are neither too simple nor too complex. *PLOS One,* 7(50): e363999. doi: 10.1371/journal.pone.0036399

51 Panksepp, J., & Solms, M. (2012). What is neuropsychoanalysis? Clinically relevant studies of the minded brain. *Trends in Cognitive Science,* 16: 6–8.

□ 第二章

1 Allen, B., Bendixsen, B., Fenerci, R. B., & Green, J. (2018). Assessing disorganized attachment representations: a systematic psychometric review and meta-analysis of the Manchester Child Attachment Story Task. *Attachment & Human Development.* doi: 10.1080/14616734.2018.1429477
2 Bion, W. R. (1962). *Learning from Experience.* London: Heinemann.（福本修訳［1999］「経験から学ぶ」『精神分析の方法：セブン・サーヴァンツ I』東京：法政大学出版局）
3 Mellor, M. (2018). イントロダクション b13 に同じ。
4 Holmes, J., & Slade, A. S. (2019). イントロダクション 10 に同じ。
5 Meins, E., Fernyhough, C., Fradley, E., & Tuckey, M. (2001). Rethinking maternal sensitivity: Mothers' comments in infants' mental processes predict security of attachment at 12 months. *Journal of Child Psychology and Psychiatry,* 42(5): 637–648.
6 Fotopoulou, A., & Tsakiris, M. (2017). Mentalizing homeostasis: the social origins of interoceptive inference. *Neuropsychoanalysis,* 19: 3–28. doi:10:1080/152941145.2017.1294 031
7 Hopkins, J. (2016). イントロダクション 12 に同じ。
8 Kirchhoff, M. (2017). 第一章 35 に同じ。
9 Kirchhoff, M., Parr, T., Palacios, E., Friston, K. J., & Kiverstein, J. (2018). The Markov blankets of life: autonomy, active inference and the free energy principle. *Journal of the Royal Society Interface,* 15: e20170792. doi:10.1098/rsif.2017.0792
10 Freud, S. (1911b). *Formulations on the two principles of mental functioning. S. E., 12.* London: Hogarth, p. 302.（高田珠樹訳［2009］「心的生起の二原理に関する定式」『フロイト全集 11：1910 ～ 11 年』東京：岩波書店、p.261）
11 Fonagy, P., & Allison, E. (2014). The role of mentalizing and epistemic trust in the therapeutic relationship. *Psychotherapy,* 51(3): 372–380.

□ 第三章

1 Kyselo, M. (2014). The body social: an enactive approach to the self. *Frontiers in Psychology,* 5: 1–16.
2 Seth, A. (2013). Interoceptive inference, emotion, and the embodied self. *Trends in Cognitive Sciences,* 17: 565–673. doi: 10.1016/j.tics.2013.09.007
3 Friston, K. J., & Frith, C. (2015). 第一章 28 に同じ。
4 Brown, H., Adams, R., Parees, I., Edwards, M., & Friston, K. J. (2013). Active inference, sensory attenuation and illusions. *Cognitive Processing,* 14: 411–427. doi: 10.1007/s10339-013-0571-3
5 Holler, J., Kendrick, K., Casillas, M., & Levinson, S. D. (2015). Turn-taking

in human communicative interaction. *Frontiers in Psychology.* doi: 10.3389/fpsyg.2015.01919

6 Constant, A., Ramstead, M., Veissiere, S., Campbell, J., & Friston, K. J. (2018). A variational approach to niche construction. *Journal of the Royal Society Interface,* 15: 20170685. http:// dx.doi.org/10.1098/rsif.2017.0685

7 Ogden, T (1994) The Analytic Third: Working with Intersubjective Clinical Facts. *International Journal of Psychoanalysis,* 75: 3-20..（和田秀樹訳［1996］「分析の第三主体：間主体の臨床を考える」『「あいだ」の空間：精神分析の第三主体』東京：新評論）

8 Friston, K. J., & Frith, C. (2015). A duet for one. *Consciousness and Cognition.* https://doi.org/10.1016/j.concog.2014.12.003, p. 14.

9 Barrett, L. (2017). 第一章 8 に同じ。

10 Freud, S. (1911b). 第二章 10 に同じ。

11 Winnicott, D. W. (1960). The theory of the parent-infant relationship. *International Journal of Psychoanalysis,* 41: 585–595.（大矢泰士訳［2022］「親－乳幼児関係の理論」『完訳 成熟過程と促進的環境：情緒発達理論の研究』東京：岩崎学術出版社）

12 Feldman, R. (2015b). The adaptive human parental brain: Implications for children's social development. *Trends in Neuroscience,* 38: 387–399.

13 Feldman, R. (2015b). The adaptive human parental brain: Implications for children's social development. *Trends in Neuroscience,* 38: 387.

14 Feldman, R. (2015a). Sensitive periods in human social development: New insights from research on oxytocin, synchrony, and highrisk parenting. *Development and Psychopathology,* 27: 369–395.

15 Schore, A. (2019). *The Development of the Unconscious Mind.* New York: W. W. Norton.（筒井亮太・細澤仁訳［2023］『無意識の発達：精神療法、アタッチメント、神経科学の融合』東京：日本評論社）

16 Feldman, R. (2015b). The adaptive human parental brain: Implications for children's social development. *Trends in Neuroscience,* 38: 388.

17 Caspi, A., McClay, J., Moffitt, T. E., Mill, J., Martin, J., Craig, I. W., Taylor, A., & Poulton, R. (2002). 第一章 7 に同じ。

18 Suomi, S. (2016). Attachment in rhesus monkeys. In: J. Cassidy & P. Shaver (Eds.), *Handbook of Attachment* (3rd edn.) (pp. 133–154). New York: Guilford Press.

19 Belsky, J., & Pluess, M. (2009). Beyond diathesis stress: Differential susceptibility to environmental influences. *Psychological Bulletin,* 135(6): 885–908.

20 Saxbe, D., & Repetti, R. (2010). For better or worse? Coregulation of couples' cortisol levels and mood states. *Journal of Personality & Social Psychology,* 98: 92–103.

21 Coan, J. (2016). Attachment and neuroscience. In: J. Cassidy & P. Shaver (Eds.),

Handbook of Attachment (3rd edn.) (pp. 242–269). New York: Guilford Press.
22 Coan, J. A., Schaefer, H. S., & Davidson, R. J. (2006). Lending a hand: Social regulation of the neural response to threat. *Psychological Science,* 17(12): 1032–1039.
23 Kahneman, J. (2011). *Thinking: Fast and Slow.* London: Allen Lane.（村井章子訳［2014］『ファスト＆スロー 上・下：あなたの意思はどのように決まるか？』東京：早川書房）
24 Hofer, M. (2002). Clinical implications drawn from the new biology of attachment. *Journal of Infant, Child & Adolescent Psychotherapy,* 2(4):157–162.
25 Ginot, E. (2015). *The Neuropsychology of the Unconscious.* New York: W. W. Norton
26 Barratt, B. (2019). イントロダクション 23 に同じ。
27 Allen, J. G., Fonagy, P., & Bateman, A. (2008). *Handbook of Mentalizing in Mental Health Practice.* Arlington, VA: American Psychiatric Association Publishing.
28 Tottenham, N. (2014). The importance of early experiences for neuro-affective development. In: S. Anderson & D. Pine (Eds.), *The Neurobiology of Childhood* (Vol. 16) (pp. 109–129). Berlin: Springer.
29 Cunningham, W. A., & Brosch, T. (2012). Motivational salience: amygdala tuning from traits, needs, values, and goals. Current Directions in *Psychological Science,* 21: 54–59. doi: 10.1177/0963721411430832
30 Rutter, M. (2012). Resilience as a dynamic concept. *Development and Psychopathology,* 24: 335–344.
31 Kris, E. (1952). *Psychoanalytic Explorations in Art.* New York: International Universities Press.（馬場禮子訳［1976］『芸術の精神分析的研究』東京：岩崎学術出版社）

□ **第四章**

1 Carroll, L. (1871). *Through the Looking Glass and What Alice Found There.* Westport Eire: Everson, 2009.（脇明子訳［2000］『鏡の国のアリス』東京：岩波書店）
2 Freud, S. (1925d). *An Autobiographical Study. S. E., 20.* London: Hogarth, p. 3〔正しくは 1920g, p. 29〕.（家高洋・三谷研爾訳［2007］「みずからを語る」『フロイト全集 18：1922 ～ 1924 年』東京：岩波書店、p.82）
3 Freud, S. (1920g). *Beyond the Pleasure Principle. S. E., 18.* London: Hogarth, p. 609〔正しくは 31〕.（須藤訓任訳［2006］「快原理の彼岸」『フロイト全集 17：1919 ～ 1922 年』東京：岩波書店、p.84）
4 Garland, C. (Ed.) (2002). *Understanding Trauma: a Psychoanalytic Approach* (2nd edn.). London: Routledge.（松木邦裕監訳［2011］『トラウマを理解する：対象関係論に基づく臨床アプローチ』東京：岩崎学術出版社）
5 Joffily, M., & Coricelli, G. (2013). Emotional valence and the free-energy

principle. *PLOS Computational Biology*, 9(6): e1003094.
6 Winnicott, D. W. (1965). *The Maturational Processes and the Facilitating Environment.* London: Hogarth.（大矢泰士訳［2022］『完訳 成熟過程と促進的環境：情緒発達理論の研究』東京：岩崎学術出版社）
7 Casement, P. (1985). *On Learning from the Patient.* London: Routledge.（松木邦裕訳［1989］『患者から学ぶ：ウィニコットとビオンの臨床応用』東京：岩崎学術出版社）
8 Van Os, J. (2009). Salience dysregulation syndrome. *British Journal of Psychiatry*, 194: 101–103.
9 Ermakova, A., Knolle, F., Justicia, A., Bullmore, E., Jones, P., Robbins, T., Fletcher, P., & Murray, G. (2018). Abnormal reward prediction error signalling in antipsychotic naïve individuals with first episode psychosis or clinical risk for first episode psychosis. *Neuropharmacology*, 43: 1691–1699.
10 Duquette, P., & Ainley, V. (2019). Working with the predictable life of patients: the importance of mentalised interoceptions to meaningful change in psychotherapy. *Frontiers in Psychology*, 26 September. https://doi.org/10.3389/fpsyg.2019.02173
11 Ongaro, G., & Kaptchuk, T. (2018). Symptom perception, placebo effects and the Bayesean brain. *Pain.* doi: 10.1097/j. pain.0000000000001367, p. 1–4.
12 Yon, D., de Lange, F. P., & Press, C. (2019). The predictive brain as a stubborn scientist. *Trends in Cognitive Sciences*, 23(1): 6–8.
13 Ongaro, G., & Kaptchuk, T. (2018). Symptom perception, placebo effects and the Bayesean brain. *Pain.* doi: 10.1097/j. pain.0000000000001367, p. 3.
14 Barrett, L. (2017). 第一章 8 に同じ。
15 Badcock, P., Davey, C., Whittle, S., Allen, N., & Friston, K. J. (2017). The depressed brain: an evolutionary systems theory. *Trends in Cognitive Sciences*, 21: 182–194. doi: /10.1016/j. tics.2017.01.005
16 Belloc, H. (1907). *Cautionary Tales for Children.* London: Blackwood.（柴田元幸訳［2010］『悪いことをして罰があたった子どもたちの話』東京：河出書房新社）
17 Dennett, D. (2017). *From Bacteria to Bach and Back.* London: Allen Lane, p. 278.（木島泰三訳［2018］『心の進化を解明する：バクテリアからバッハへ』東京：青土社）
18 Smith, R., Lane, R., Nadel, L., & Moutoussis, M. (2019a). イントロダクション 15 に同じ。
19 Smith, R., Lane, R., Parr, T., & Friston, K. J. (2019b). イントロダクション 16 に同じ。
20 Lanius, R. A., Frewen, P. A., Tursich, M., Jetly, R., & McKinnon, M. C. (2015). Restoring large-scale brain networks in PTSD and related disorders: A proposal for neuroscientifically informed treatment interventions. *European Journal of Psychotraumatology*, 6.

21 Weng, H., Lapate, R., Stodola, D., Rogers, G., & Davidson, R. (2018). Visual attention to suffering after compassion training is associated with decreased amygdala responses. *Frontiers in Psychology*. doi.org/10.3389/fpsyg.2018.00771

□ 第五章

1 Connolly, P. (2018). イントロダクション 11 に同じ。

2 Harrison, K. (2013). *The 5:2 Diet Book*. London: Orion.

3 Hobson, J. A., & Friston, K. J. (2012). 第一章 27 に同じ。

4 James, W. (1890). *The Principles of Psychology*. New York: Dover, 1950.（松浦孝作訳［1940］『心理學の根本問題』東京：三笠書房）

5 Hopkins, J. (2016). イントロダクション 12 に同じ。

6 Hohwy, J. (2013). イントロダクション 26 に同じ。

7 Craig, T. K. J., Rus-Calafell, M., Ward, T., Leff, J. P., Huckvale, M., Emsley, R., Howarth, E., & Garety, P. A. (2017). AVATAR therapy for auditory verbal hallucinosis in people with psychosis: a single-blind randomised controlled trial. *Lancet Psychiatry*, 5(1): 31–40. doi: 10:1016/S2215-0366(17)30427-3

8 Loewald, H. (1960). On the therapeutic action of psychoanalysis. *International Journal of Psychoanalysis*, 41: 16–33.

9 Freud, S. (1912b). *The dynamics of transference. S. E.*, 12. London: Hogarth, p. 108（藤木尚子訳［2014］「転移の力動」『フロイト技法論集』東京：岩崎学術出版社、p.20）

10 Laplanche, J. (2009). Transference: its provocation by the analyst. In: J. Birkstead-Breen, S. Flanders, & A. Gibeault (Eds.), J. Cheshire (Trans.), *Reading French Psychoanalysis*. London: Routledge.

11 Gombrich, E. (1960). *Art and Illusion*. London: Phaedon.（瀬戸慶久訳［1979］『芸術と幻影：絵画的表現の心理学的研究』東京：岩崎美術社）

12 Kandel, E. (2012). *The Age of Insight: The Quest to Understand the Unconscious in Art, Mind, and Brain, from Vienna 1900 to the Present*. New York: Random House.（須田年生・須田ゆり訳［2017］『芸術・無意識・脳：精神の深淵へ世紀末ウィーンから現代まで』東京：九夏社）

13 Joffily, M., & Coricelli, G. (2013). 第四章 5 に同じ。

14 Kashdan, T., Barrett, L., & McKnight, P. (2015). Unpacking emotion differentiation: transforming unpleasant experience by perceiving distinctions in negativity. Current Directions in *Psychological Science*, 24(1): 10–16. https://doi.org/10.1177/0963721414550708

15 Laplanche, J. (1987). *New Foundations for Psychoanalysis*. D. Macey (Trans.). Oxford: Blackwell.

16 Target, M. (2007). Is our sexuality our own? An attachment model of sexuality based on early affect mirroring. *British Journal of Psychotherapy*, 23: 517–530.

17 Fonagy, P., Gergely, G., Jurist, E., & Target, M. (2002). *Affect Regulation, Mentalization, and the Development of the Self*. New York: Other Press.

18 Wilson, D. (2002). *Darwin's Cathedral.* Chigago, IL: University of Chicago Press.
19 Frith, C. (2012). The role of metacognition in human social interactions. *Philosophical Transactions of the Royal Society B.* doi: 10.1098/rstb2012.0123
20 Fonagy, P., & Allison, E. (2014). 第二章 11 に同じ。
21 Allen, J. G., Fonagy, P., & Bateman, A. (2008). 第三章 27 に同じ。
22 Berger, J. (2005). *Berger on Drawing.* Co Cork: Occasional Press, p. 71.
23 Barratt, B. (2016). *Radical Psychoanalysis.* London: Routledge.
24 Freud, S. (1916–17). *Introductory Lectures on Psycho-Analysis. S. E.*, 15–16. London: Hogarth.（高田珠樹ほか訳［2023］『精神分析入門講義 上・下』東京：岩波書店）
25 Barratt, B. (2019). イントロダクション 23 に同じ。
26 Coan, J. (2016). 第三章 21 に同じ。
27 Seth, A. (2013). 第三章 2 に同じ。
28 Botvinick, M. (2004). Probing the neural basis of body ownership. *Science*, 305: 782–783. doi: 10.1126/science.1101836
29 Frith, C. (2012). The role of metacognition in human social interactions. *Philosophical Transactions of the Royal Society B.* doi: 10.1098/rstb2012.0123, p. 1
30 Safran, J. D. (2012). *Psychoanalysis and Psychoanalytic Therapies.* Washington, DC: American Psychological Association.

□ 第六章

1 Freud, S. (1940a). 第一章 22 に同じ。
2 Northoff, G. (2012). From emotions to consciousness – a neuro- phenomenal and neuro-relational account. *Frontiers in Psychology.* doi: 10.3389/fpsyg.2012.00303
3 Panksepp, J., & Solms, M. (2012). 第一章 51 に同じ。
4 Dennett, D. (2017). *From Bacteria to Bach and Back.* London: Allen Lane.
5 Solms, M. (2019). イントロダクション 17 に同じ。
6 Holmes, J., & Slade, A. S. (2017). イントロダクション 9 に同じ。
7 Vrticka, P. (2016). The social neuroscience of attachment. In: A. Ibáñez, L. Sedeño, & A. M. García (Eds.), *Neuroscience and Social Science* (pp. 95-119). Cham, Switzerland: Springer. doi 10.1007/978-3-319-68421-5_5
8 Holmes, J. (2013). *John Bowlby and Attachment Theory* (2nd edn.). London: Routledge.
9 Holmes, J. (2010). *Exploring in Security: towards an Attachment-informed Psychotherapy.* London: Routledge.（細澤仁・筒井亮太訳［2021］『アタッチメントと心理療法：こころに安心基地を作るための理論と実践』東京：みすず書房）
10 Knox, J. (2010). *Self-agency in Psychotherapy.* New York: W. W. Norton.
11 Maier, S. F., & Seligman, M. E. (2016). Learned helplessness at fifty: Insights

from neuroscience. *Psychological Review,* 123: 349–367.
12 Putnam, K., Harris, W., & Putnam, F. (2013). Synergistic childhood adversities and complex adult psychopathology. *Journal of Traumatic Stress,* 26: 435–442.
13 Dozier, M., Peloso, E., Lewis, E., Laurenceau, J., & Levine, S. (2008). Effects of an attachment-based intervention on the cortisol production of infants and toddlers in foster care. *Development and Psychopathology,* 20(3): 845–859.
14 Bateman, A., & Fonagy, P. (2004). *Psychotherapy for Borderline Personality Disorder: Mentalization-based Treatment.* New York: Oxford University Press.（狩野力八郎・白波瀬丈一郎監訳［2008］『メンタライゼーションと境界パーソナリティ障害：MBT が拓く精神分析的精神療法の新たな展開』東京：岩崎学術出版社）
15 Fonagy, P., & Allison, E. (2014). 第二章 11 に同じ。
16 Csibra, G., & Gergely, G. (2009). Natural pedagogy. *Trends in Cognitive Sciences,* 13: 148–153.
17 Hopkins, J. (2016). イントロダクション 12 に同じ。
18 Freud, S. (1924e). *The Loss of Reality in Neurosis and Psychosis. S. E., 19.* London: Hogarth.（本間直樹訳［2007］「神経症および精神病における現実喪失」『フロイト全集 18：1922 〜 1924 年』東京：岩波書店）

□ 第七章

1 Eliot, T. S. (1962). *The Cocktail Party.* London: Faber.（福田恆存訳［1951］『カクテル・パーティー』東京：小山書店）
2 Duschinsky, R. (2019). *Cornerstones: attachment in the 21st Century.* London: Routledge.
3 Barratt, B. (2019). イントロダクション 23 に同じ。
4 Talia, A., Daniel, S. I., Miller-Bottome, M., Brambilla, D., Miccoli, D., Safran, J. D., & Lingiardi, V. (2014). AAI predicts patients' in-session interpersonal behavior and discourse: a "move to the level of the relation" for attachment-informed psychotherapy research. *Attachment & Human Development,* 16: 192–209. doi:10.1080/14616734.2013.859161
5 Talia, A., Muzi, L., Lingiardi, V., & Taubner, S. (2018). How to be a secure base: therapists' attachment representations and their link to attunement in psychotherapy. *Attachment & Human Development,* 20: 1–18.
6 Talia, A., Taubner, S., & Miller-Bottome, M. (2019). Advances in research on attachment-related psychotherapy processes: Seven teaching points for trainees and supervisors. Research in Psychotherapy: *Psychopathology, Process and Outcome,* 22(3).
7 Austin, J. (1962). *How to Do Things with Words.* Oxford: Oxford University Press.（坂本百大訳［1978］『言語と行為』東京：大修館書店）
8 Wilson, D., & Sperber, D. (2002). Truthfulness and relevance. *Mind,* 111(443): 583–632.

9 Holmes, J., & Slade, A. S. (2017). イントロダクション 9 に同じ。
10 Freud, S. (1900a). *The Interpretation of Dreams. S. E., 4–5.* London: Hogarth.（新宮一成訳［2007 ／ 2011］「夢解釈Ⅰ・Ⅱ」『フロイト全集 4 ・ 5 ：1900 年』東京：岩波書店）
11 Litowitz, B. (2014). From switch-words to stitch words. *International Journal of Psychoanalysis,* 95: 3–14.
12 Csibra, G., & Gergely, G. (2009). 第六章 16 に同じ。

□ 第八章

1 Allen, J. G. (2012). *Restoring Mentalizing in Attachment Relationships: Treating Trauma with Plain Old Therapy.* New York: American Psychiatric Association Publishing.（上地雄一郎・神谷真由美訳［2017］『愛着関係とメンタライジングによるトラウマ治療：素朴で古い療法のすすめ』京都：北大路書房）
2 Lemma, A., Target, M., & Fonagy, P. (2008). *Brief Dynamic Interpersonal Therapy: a Clinician's Guide.* Oxford: Oxford University Press.
3 Friston, K. J., & Frith, C. (2015). 第一章 28 に同じ。
4 Gershwin, G., & Gershwin, I. (1937). *Let's call the whole thing off.*
5 Avdi, E., & Seikkula, J. (2019). Studying the process of psychoanalytic psychotherapy: discursive and embodied aspects. *British Journal of Psychotherapy,* 35: 217–232.
6 Barkham, M., Guthrie, E., Hardy, G., & Margison, F. (2017). *Psychodynamic-interpersonal Therapy: a Conversational Model.* London: SAGE.
7 Clark, A. (2016). *Surfing Uncertainty.* Oxford: Oxford University Press, p. 195.
8 Meares, R. (2005). *The Metaphor of Play* (3rd edn.). London: Routledge.
9 Holmes, J., & Slade, A. S. (2017). イントロダクション 9 に同じ。
10 Strachey, J. (1934). The nature of the therapeutic action of psycho-analysis. *International Journal of Psychoanalysis,* 15: 126–159.（山本優美訳［2003］「精神分析の治療作用の本質」『対象関係論の基礎：クライニアン・クラシックス』東京：新曜社）
11 Lear, J. (2011). *A Case for Irony.* Cambridge, MA: Harvard University Press.
12 Prigogine, L. (1980). *From Being to Becoming: Time and Complexity in the Physical Sciences.* New York: Freedman.（小出昭一郎・安孫子誠也訳［1984］『存在から発展へ：物理科学における時間と多様性』東京：みすず書房）
13 Holmes, R. (1989). *Coleridge: Early Visions.* London: Hodder & Stoughton.
14 Coleridge, S. T. (1817). *Biographical Litereria.* J. Engell & W. Bate (Eds.). London: Routledge, 1983, p. 203 ／（東京コウルリッジ研究会訳［2013］『文学的自叙伝：文学者としての我が人生と意見の伝記的素描』東京：法政大学出版局、p.113-114.）
15 Barratt, B. (2019). イントロダクション 23 に同じ。

□ エピローグ
1 Colombo, M., & Wright, C. (2018). First principles in the life sciences, the free energy principle, organicism and mechanism. *Synthese:* 1–26.
2 Tozzi, A., & Peters, J. (2017). Critique of free energy principle. *Physics of Life Reviews.* doi: 10.1016/j.plrev.2017.10.003
3 Blass, R. B., & Carmeli, Z. (2007). The case against neuropsychoanalysis: On fallacies underlying psychoanalysis' latest scientific trend and its negative impact on psychoanalytic discourse. *International Journal of Psychoanalysis,* 88: 19–40.
4 Blass, R., & Carmeli, Z. (2015). Further evidence for the case against neuropsychoanalysis. *International Journal of Psychoanalysis,* 96: 1555–1573.
5 Yovell, Y., Solms, M., & Fotopoulou, A. (2015). The case for neuropsychoanalysis: Why a dialogue with neuroscience is necessary but not sufficient for psychoanalysis. *International Journal of Psychoanalysis,* 96: 1515–1553.
6 Dennett, D. (2017). 第六章 4 に同じ。
7 Solms, M. (2019). イントロダクション 17 に同じ。
8 Holmes J., & Bateman, A. (Eds.) (2002). *Psychotherapy Integration.* London: Routledge.
9 Holmes, J., & Slade, A. S. (2017). イントロダクション 9 に同じ。
10 Wampold, B. (2015). イントロダクション 4 に同じ。
11 Holmes, J. (2014). *The Therapeutic Imagination: Using Literature to Deepen Psychodynamic Understanding and Enhanced Empathy.* London: Routledge.

□ 謝　辞
1 Holmes, J., & Slade, A. S. (2017). イントロダクション 9 に同じ。
2 Holmes, J., & Nolte, T. (2019). Surprise and the Bayesean brain: implications for psychotherapy theory and practice. *Frontiers in Psychology.* doi: 10.3389/fpsyg.2019.00592

□ その他
Bernard, C. (1974) *Lectures on the phenomena common to animals and plants.* Trans: Hoff HE. Springfield (IL): Charles C Thomas.（長野敬編・小松美彦ほか訳［1989］『ベルナール：動植物に共通する生命現象』東京：朝日出版社）
Tomasello, M. (2018) *Becoming Human: A Theory of Ontogeny.* Cambridge, (Mass): Belknap Press.（大藪泰訳［2023］『トマセロ 進化・文化と発達心理学：人の認知と社会性の個体発生をさぐる』東京：丸善出版）

ま行

や行

ら行

た行

な行

は行

さ行

□索　引

著者について

ジェレミー・ホームズ（Jeremy Holmes：1943～）

英国の精神科医・精神療法家。エクセター大学心理学部客員教授。ロンドンのユダヤ人家庭に長子として生まれ、妹がふたりいる。父親は、ニュースキャスターや俳優として活躍した詩人。もともとは自然科学に関心を寄せていたが、のちに医学へ転向、1960年代の反精神医学の影響を受けつつ、精神分析・力動精神医学の道へ進む。2009年には、アタッチメント理論への貢献が認められて「ボウルビィ＝エインズワース賞」が、2010年には著書『アタッチメントと心理療法』で精神分析療法「ゲーテ賞」が贈られている。

著書に John Bowlby and Attachment Theory. Routledge 1993（黒田実郎・黒田聖一訳『ボウルビィとアタッチメント理論』岩崎学術出版社 1996）、Introduction to Psychoanalysis: Contemporary Theory and Practice. Routledge 1995（館直彦監訳『臨床家のための精神分析入門』岩崎学術出版社 2010）、Exploring in Security: Towards an Attachment-Informed Psychoanalytic Psychotherapy, Routledge 2010（細澤仁・筒井亮太訳『アタッチメントと心理療法』みすず書房 2021）、などがある。

日本語版序文執筆者略歴

岡野 憲一郎（おかの けんいちろう）
本郷の森診療所所長。京都大学名誉教授。米国精神科専門認定医。国際精神分析協会、米国及び日本精神分析協会正会員。医学博士、臨床心理士。
1982 年東京大学医学部卒業。1982 ～ 85 年東京大学精神科病棟および外来部門にて研修。1986 年パリ、ネッケル病院にフランス政府給費留学生として研修。1987 年渡米、1989 ～ 93 年オクラホマ大学精神科レジデント、メニンガー・クリニック精神科レジデント。1994 年ショウニー郡精神衛生センター医長（トピーカ）、カンザスシティー精神分析協会員。2004 年 4 月に帰国、国際医療福祉大学教授。2014 年京都大学教育学研究科臨床心理学実践講座教授。2022 年京都大学を退官。
著書は『解離性障害と他者性』（岩崎学術出版社 2022）、『精神科医が教える 忘れる技術』（創元社 2019）など多数。

訳者略歴

筒井 亮太（つつい りょうた）
たちメンタルクリニック、上本町心理臨床オフィス勤務。臨床心理士。
関西大学大学院心理学研究科修了。
著書に『トラウマとの対話』（共編著：日本評論社 2023）、訳書にカッツ『精神分析フィールド理論入門』（共訳：岩崎学術出版社 2022）、エヴァンス 3 世『ハリー・スタック・サリヴァン入門』（共訳：創元社 2022）、ドゥシンスキー他『アタッチメントとトラウマ臨床の原点』（単訳：誠信書房 2023）、ペダー『アタッチメントと新規蒔き直し』（単訳：みすず書房 2023）などがある。

心理療法は脳にどう作用するのか
——精神分析と自由エネルギー原理の共鳴——

ISBN 978-4-7533-1243-6

訳者　筒井 亮太

2024 年 7 月 12 日　初版第 1 刷発行

印刷 ㈱太平印刷社 ／ 製本 ㈱若林製本工場

発行 ㈱岩崎学術出版社
〒 101-0062 東京都千代田区神田駿河台 3-6-1
発行者　杉田 啓三
電話 03(5577)6817　FAX 03(5577)6837
©2024　岩崎学術出版社
乱丁・落丁本はお取替えいたします　検印省略

解離性障害と他者性
別人格との出会いと対話

岡野憲一郎 著

脳内に複数の神経ネットワークが生じる仕組みを明かす

精神分析フィールド理論入門
3つのモデルの臨床例から理解する

S.M. カッツ 著／筒井亮太・小林陵 訳

現代精神分析の最先端の理論群を紹介

右脳精神療法
情動関係がもたらすアタッチメントの再確立

A.N. ショア 著／小林隆児 訳

神経精神分析の立役者、ショアの集大成

精神療法と薬物治療
統合への挑戦

F.N. ブッシュ＆L.S. サンドバーグ 著／権成鉉 監訳

力動的薬物療法の実践方法

W・R・ビオンの三論文
W.R. ビオン 著／クリス・モーソン 編／福本修 訳

「ネガティブ・ケイパビリティ」論文を収録

実践詳解 精神分析16講（上）
フロイト理論の誕生と展開

吾妻壮 著

「分かった」と感じられるまで徹底講義

◎価格は小社ホームページ（http://www.iwasaki-ap.co.jp/）でご確認ください。